やる気スイッチをON！

実行機能をアップする37のワーク

NPO法人えじそんくらぶ代表
高山恵子

合同出版

この本を手にしたみなさまへ

　私が「実行機能」というキーワードに出会ってから、もう20年以上が経っています。当時、実行機能の研究で第一人者だった、バークレー博士というアメリカの心理学者から、直接講演を聞きました。
　実行機能とは「能率的・社会的・自立的・創造的に行動するための司令システム」のことです。つまり、**最後まで何かをやるために必要な機能**なのです（114ページ参照）。
　博士の講演を聞いて、私はかなりショックを受けました。実は、私の状態をぴったり言い当てていて、すべての実行機能が低いのだと、思い知らされたからです。
　でももし、この本のチェックリストをやってみて、実行機能がとても弱くて、アンバランスがあるという結果が出たとしても、がっかりしないでください（8ページ）。
　そんなあなたは、とてもクリエイティブで、発想が豊かな方かもしれません！　最近の研究で、実行機能がオフになって集中していないときは、クリエイティブな発想につながる可能性のある脳のネットワーク（デフォルトモードネットワーク）がオンになりやすい、ということがわかってきました。つまり、集中できていないときに、ある条件が重なると、アイディアがひらめくというメカニズムが明らかになってきたのです！
　ただ、よいアイディアが浮かぶだけでは意味がありません。それを形にするため、行動に移す必要があります。そのためにも、今はまだ育っていないあなたの実行機能を伸ばす必要があるのです。
　ダメなところをいやいやトレーニングするのではなく、あなたがやりたいこと、あなたのアイディアや目標を実行するために、このワークブックを一緒にやっていきましょう。

●うまくいく条件を探そう！

　私はADHD（注意欠如・多動症）と診断されていて、小さい頃からたくさんの失敗をしてきました。
　失敗のたびに、祖母が「失敗は成功のもと、次にうまくいく方法を考えればいいの」と言ってくれました。
　うまくいかなかったということは、何かうまくいかない条件があったからです。
　気持ちを切り替えて、うまくいく方法を考えたり、人に聞いたりして、ちがう条件でトライすることが大切です。日常生活に失敗はつきものです。うまくいかなかったとき、自分自身を責めるのではなく、うまくいかなかった条件を探して、「次にどうやったらうまくいくか」を考える回路をつくることが重要なのです。
　もし、あなたがこのワークブックを使ってもなかなか習慣化できなかったり、予定通りに

いかなかったとしても、がっかりしないでください。この本をつくった私も、そのようなことがとても苦手です。

どうしてもうまくいかないことが続いたら、得意な人に手伝ってもらいましょう。**手伝ってもらうというのも、うまくいくための大切な条件**の1つです。すべてが完璧にできるようになることが、人生の目標ではありません。

大切なことは、「自分は何ができなくて、どういう支援をしてもらったら、何ができるか」ということを理解し、「よいタイミングでSOSを出し、アドバイスやサポートをしてもらうこと」なのです。そのとき、助けてもらった人に心から感謝することも忘れないようにしましょう。

そして、あなたになにか**得意なことがあれば、それが不得意な人を助けてあげましょう**。

助け合いながら、私たちは成長していくのです。

●サポーター（支援者）の方へ

この本は、最後まで何かをやるために必要な実行機能の現状分析と対応法を、解説とワークで学習できるように作成しました。実行機能には個人差があり、自然に伸びる人もいれば、サポートが必要な人もいます。まず、8ページで支援が必要な人の実行機能の主な8つの項目をチェックをしてみてください。

自己理解がむずかしく、チェックが正しくできない人もいることでしょう。サポーター側から見たチェックと本人のチェックに差があるかを確認する、そこからが支援のスタートです。

自己チェックがむずかしい人は、年齢にかかわらず、この本のワークをひとりでやるのはむずかしいかもしれないので、一緒にすすめてください。

最初の項目のワークから始めてもよいし、8項目のチェックで弱いところがわかったら、その項目のワークから始めてもよいでしょう。たとえば、気になるゲーム依存の予防からスタートしてもOKです。

同時にサポーター側にも、得意・不得意があるでしょう。計画性がある人は難なく計画を立てることができるので、苦手な人の気持ちがわかりにくいかもしれません。「何でこんな簡単なことができないの！」と腹が立つかもしれませんが、その気持ちをぐっと抑えて、やり方を具体的に教えてあげてください。

「自分もちょっと計画を立てるのが苦手」というサポーターは、苦手な人の気持ちに寄り添って、一緒に考えながらサポートしてあげてください。

最近はいろいろな支援の情報がありますが、大切なのは「サポーターと支援を受ける人の特性の違いによる相性」だと、現場で感じます。その相性別マトリックスも118ページで紹介しますので、ご活用ください。

対象年齢によってサポート法を下のように調整してみましょう。

> 基本的には、
> ・小学生には、その子に合った方法をサポーターや親がさがして、モデルを示す。
> ・中学生には、1人でいろいろなことができるようにサポートする。
> ・高校生は、1人でできることを増やし、解決できないときは、先生や親に相談する。

　サポートには上記のようななだらかな**「支援の引き算」**（だんだんできることが増えるにつれて支援を減らしていくこと）が必要です。もともとの能力に個人差があるうえ、周囲のサポートによる成長の度合いは、人によってちがいます。「ダメな子」と人格否定をせず、うまくいく条件を一緒に探し、**モデルを示し、トライした後のふり返り**もお願いしたいと思います。これが学校での生活がスムーズになるための支援・合理的配慮につながっていきます。

　成長によって課題も変化していくので、この本ではサクラさん（小学生）、ユウトくん（中学生）、ショウくん（高校生）のケースで紹介しています。とくに発達障害と診断された人は、成人になってもこの本が役に立つでしょう。

　この本の目的は、何が苦手か自己分析を深め、失敗から学び、問題解決力をつける、つまり**「うまくいく条件を探し、実行する脳の回路をつくること」**です。

　問題解決力をつける方法はいろいろありますが、**SOSを求める、サポートを受けながら自分でできることを増やす**という方法がとても大切です。サポーターは、できなかったことを強く指摘せず、次にできるようにするにはどうしたらいいか、一緒に考えていただきたいと思います。

　自己分析、状況分析することが苦手でも、周囲のアドバイスをありがたいと思い、そのアドバイスを実行できるようになるのも、「うまくいく条件を探し、実行する脳の回路をつくる」立派な方法の1つです。

　同時にそれは、周囲のアドバイスや支援に対して、不安や怒り、ストレス反応などから、「バカにされた」「やりたいことを邪魔された」などと、**勘ちがいしない脳の回路を育てる**ことでもあります。

　そうすれば、失敗からすぐに学べない、問題解決力がなかなか身につかないという人でも、できることが増えていきます。

　サポーターも的確なアドバイスが出せるように、うまくいく条件を試行錯誤の中で探し出してほしいのです。その試行錯誤の方法をこの本でマスターしていただけたら幸いです。

高山恵子

もくじ

この本を手にしたみなさまへ …………3
実行機能チェックリスト …………8
この本の使い方（PDCA サイクル）………………10

① ワークで実行機能を高めよう

やる気スイッチ
1 よく眠って朝食をとろう …………14
2 よく眠るために大切なこと …………16
3 いやなことをやるスイッチを見つける …………18
4 一番合った勉強法はどれ？ …………20

計画立案
5 お弁当をつくろう（サンドイッチ）…………22
6 WANT TO DO リスト …………25
7 自分に合った部活を決めよう …………28
8 わからないことは相談しよう …………30

時間の管理
9 1日の時間を上手に使おう …………32
10 やりたいとおりにできない理由 …………35
11 何分でできるかな？ …………38
12 遅刻の原因を考える …………40
13 逆算のプランニング …………42

空間や情報の管理
14 これは捨てる？ とっておく？ …………44
15 決めたところに置こう …………46
16 分類して置く場所を決める …………48
17 置く場所を決めて、目印をつけよう …………50
18 きれいな部屋を保つ工夫 …………52

お金の管理
19 「自分のお金の流れ」を把握する …………54
20 「お金は有限」を実感する …………57
21 計画的にお金を使おう …………59

切り替え
　22　「予定は未定」と割り切る気持ち ……………61
　23　予定通りにいかないときは？ ……………64
　24　話し合いのコツを学ぼう ……………66
　25　何かがないときはどうする？ ……………69

ワーキングメモリ
　26　ワーキングメモリをチェックする ……………71
　27　うっかり忘れはありませんか ……………74
　28　カレンダーとリマインダーの活用 ……………76

集中と制御
　29　集中タイムを探してみよう ……………78
　30　目標時間を明確にしよう ……………81
　31　イライラ・ドキドキをカームダウンしよう ……………84
　32　リラックスタイムをしっかりとろう ……………87
　33　やめるスイッチ２つの入れ方 ……………89

② 実行機能を使いこなして、失敗を生かそう
　1　朝ねぼうした！どうする？ ……………92
　2　遅刻しちゃった！どうする？ ……………95
　3　ゲーム依存を予防しよう ……………99
　4　マイ防災プランを立てよう ……………110

③ 発達障害と実行機能
　実行機能とは ……………114
　発達障害と実行機能の関係 ……………117
　本人×サポーターの実行機能タイプ別相性 ……………118
　マシュマロテスト ……………120
　レザック博士の実行機能の定義 ……………120
　実行機能を ON にするために ……………122

参考文献と情報 ……………123
あとがきにかえて ……………124

実行機能チェックリスト

＊あてはまるものに✓をつけてください。
＊各カテゴリーごとにチェックがついた数を書いてみましょう。

❶ 起動（やる気スイッチ）
- □ 体調が悪くてできないことがある
- □ 気分が乗らなくてスタートできないことがある
- □ 何をしたらいいかわからないのでやりたくなくなる
- □ 眠くてやる気が起こらない
- □ むずかしすぎることはやりたくない

　　　　　　　　　　　　　　　　　　　　　こ

❷ 計画立案
- □ 計画が立てられない
- □ 何からやるべきか優先順位がつけられない
- □ 実現不可能な計画を立ててしまう
- □ 複数の課題を並行してやるのが苦手だ
- □ 人に助けてもらわずに自分ですべてやりたい

　　　　　　　　　　　　　　　　　　　　　こ

❸ 時間の管理
- □ 遅刻することがよくある
- □ 時間通りに終わらないことがよくある
- □ 何かやるとき、時間配分が悪いと思う
- □ 自分ではできると思った時間内にできないことが多い
- □ 締め切りまでに提出物が出せないことが多い

　　　　　　　　　　　　　　　　　　　　　こ

❹ 空間や情報の管理
- □ 整理整頓が苦手だ
- □ 必要なものがすぐにそろわない
- □ たくさんの情報があると混乱して整理ができない
- □ カバンや引き出しの中がぐちゃぐちゃで、
　 必要なものがすぐ出てこない
- □ なかなか捨てられない

　　　　　　　　　　　　　　　　　　　　　こ

❺ お金の管理
- □ 毎月のおこづかいがいつも足らなくなってしまう
- □ 買いたいものがあるとすぐにほしくなる
- □ ほしいもののためにコツコツお金をためていくのが苦手
- □ お金のありがたみがわかっていないと言われることがある
- □ お年玉などを貯金しないでほしいものを買ってしまう

　　　　　　　　　　　　　　　　　　　　　こ

❻ 切り替え
- □一度決めた予定を変更するのはいやだ
- □最後まで終わらないと次の作業に移りたくない
- □自分のやり方で最後までやりたい
- □相手に合わせて行動することがむずかしい
- □急な変更があったときに優先順位を変えることができない

❼ ワーキングメモリ
- □カギなどどこに置いたか忘れてしまう
- □口頭で言われたことを覚えるのがむずかしい
- □「やることリスト」や手順などを一度見ても忘れてしまう
- □暗算が不得意
- □やろうとしたことを忘れてしまう

❽ 集中と制御
- □途中で他のことをやってしまう
- □テレビやゲームなど止めることができない
- □気がつくと他のことを考えている
- □マイナスの感情を調整することがむずかしい
- □うまくいかないとやりたくなくなる

＊本人のチェックと保護者（サポーター）のチェックをします。
＊８つの実行機能の数字を線でつなぎます。バランスをチェックしましょう。

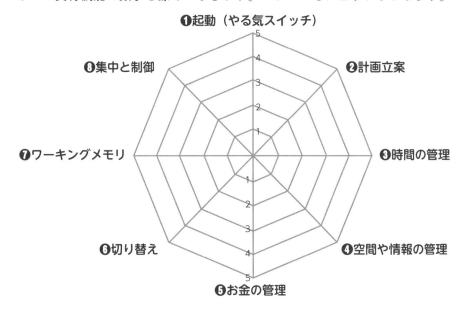

この本の使い方──PDCAサイクル

　PDCAサイクルとは、ビジネスの分野でも活用される非常に有名な問題解決の考え方で、文部科学省の「学校評価ガイドライン」でも紹介されています。
　PDCAはP＝Plan、D＝Do、C＝Check、A＝Actionをさします。社会人になったとき、いろいろうまくいかないときや大きな挫折をした後などに活用できるよう、普段からこのサイクルを意識して実践するといいですね。
　実行機能が弱い人たちは、なかなか自分ひとりでPDCAサイクルを繰り返すことは骨が折れると思います。そのため、サポーターが苦手な部分をサポートし、このサイクルが身につくように工夫させることが、自立支援に直結します。
　ここでは、実行機能が弱い人たちへのサポートポイントを紹介します。何よりのポイントは、「**一度でうまくいくと思わない**」こと！　失敗しても、そのたびにこのサイクルを使って、どうすればうまくいくのかを一緒に考えながら、やり方を改善していきましょう。

☑ PDCAサイクルの回し方

①計画（目標設定）（P）　自分の能力を正確に把握したり、実現可能な計画を立てたりするのがむずかしいので（自分の能力を過小または過大評価してしまう）、まず、プランを立てる段階から、**実現可能かどうかを冷静に分析する力**を引き出すサポートが必要です。そのためには自分はどんなことができるかをサポーターと一緒に確認しましょう。

②実行　　　（D）　全部自分ひとりでやろうとせずに、一部をだれかと一緒にやったり、だれかに任せたりして実行することが重要です。ちょっとうまくいかないと、すぐにやめてしまいがちなので、続けられるようにサポートが必要でしょう。**ひとりでやることよりも最後まで実行すること**を重視します。

③チェック（C）　自分で自分を客観的に見ること（メタ認知）がむずかしいので、数値化するなどして明確な評価ができるようなしくみをつくるとよいでしょう。たとえば、週に何回忘れものをするのか、夏休みの宿題が毎年いつまでかかるかなど、記録をつけてみましょう。

④改善　　　（A）　うまくいかなかったときの具体的な改善策を再構築することこそ、サイクルの中で一番重要なことです。このときに、1回失敗するともうすべてがダメだと思い込んでしまわないように、**メンタルケアも重要**になってきます。

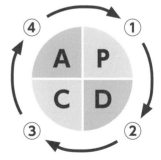

☑ つまずきチェックリスト

①計画 (Plan)
- ☐ 実際の状況と自分の能力が把握できない
- ☐ 目標が自分のレベル・やりたいことに合っていない
- ☐ 自分で目標を決めることができない
- ☐ 自分の実力や状況を客観的に見られず、無理な目標にこだわってしまう

②実行 (Do)
- ☐ 細かいところまできっちりわからないと不安で、実行できない
- ☐ よく内容を理解せず、衝動的にすぐに実行したくなる
- ☐ やり方がわからなくて、やる気がしない
- ☐ 失敗すると、「どうせ無理」とやる気を失ってしまう

③チェック (Check)
- ☐ 客観的に事実確認（うまくいったか、何がうまくいかなかったか）ができない
- ☐ 失敗したとき落ち込んで、物事を悲観的に受け取ってしまう
- ☐ 失敗したとき怒りが爆発して、自分や他人を責めてしまう
- ☐ 冷静に失敗した原因を分析することができない。感情的になってしまう

④改善 (Action)
- ☐ 一度決めたことを変えることがいやで、最初の目標・やり方にこだわってしまう
- ☐ うまくいくように、柔軟に目標・やり方を修正することができない
- ☐ 失敗した方法を繰り返してしまい、適切なやり方に変えられない
- ☐ まわりの大人にどうしたらよいか、改善法を聞くことができない

具体的に、勉強とスポーツと対人関係でＰＤＣＡサイクルの具体的な活用例を見ていきましょう。

●日常生活での活用

	勉 強	スポーツ	対人関係
①計画 （目標設定）	１週間後の英検合格のため、１日１時間勉強をする	校内のテニス大会でベスト４に入る	仲よくなりたい友だちがいるので積極的にほめる
②実行	ゲームをやってしまって予定通り勉強できなかった	２回戦で１セット先取され、動揺して後輩に負けてしまった	君はおもしろいから芸人になればいいよといったら怒らせてしまった
③チェック （振り返り）	いざ勉強しようとしたら、何をしようか悩んでしまった	失敗を引きずりやすい性格を改善する必要がある	言われてうれしいことは人によってちがうことに気づいた
④改善	まず単語力を身につけるため単語の勉強に集中する	意識的に、日常でも切り替える練習をする	思ったこともすぐに言わないようにがまんして、相手をよく観察する

●失敗は成功のもと！

このほかにも
- ほかの人からの、「こうしたらいいよ」というアドバイスが受け取れない
- できなくてもひとりでやろうとする（サポートが受けられない）
- 実行しているときに、うまくいかないことに気づいても、早めにやり方を修正することができない

といったことはないでしょうか？
うまくいかなかったことに早く気づき、やりながら修正していくことが大切です。まわりの人のアドバイスも有効に活用しましょう。それこそが、実行機能を高めるのです。うまくいく条件を探し続けましょう。ＰＤＣＡサイクルを念頭において、このワークブックをやってみてください。

サクラさん

小学5年生
おっとりタイプで、とても優しいのですが、段取りが悪く、忘れ物が多く整理整頓ができないので、よく親から怒られています。ぼーっとしてしまい、朝なかなか起きられません。

ユウトくん

中学1年生
宿題をやろうと思ってもなかなかスタートできません。計画的に何かやることがむずかしく、欲しいものがあるとついつい買ってしまい、後でお金がなくなって困ることがあります。ケアレスミスが多く、よく学校の先生に叱られます。熱しやすく冷めやすいところがあります。

ショウくん

高校1年生
真面目なタイプで、やりたいことがあるとそれに熱中してしまい、なかなか止めることができません。急な変更も苦手で、イライラすることがあり、友人とのトラブルもあります。SOSがなかなか求められなくて、心配事があると動けなくなってしまいます。

> ふだんの生活で困っている3人を紹介します

① ワークで実行機能を高めよう

1　よく眠って朝食をとろう

⏻ 熟睡して疲れをとることが大切

　みなさんは、マラソンが終わってヘトヘトのときに、「勉強をがんばろう！」という気持ちになりますか？　なかなかそう思えないですよね。でも体が疲れたときはぐっすり眠ると元気な状態に戻れますよね。

　おなじように、「悩みごとを抱えていて心が疲れてるとき」や、「たくさんのやることを抱えていて脳が疲れているとき」も、**睡眠が必要**です。

　体の疲れとおなじで、心や脳の疲れは気づかないうちにたまっていることもあるので、注意しましょう。ゲームやテレビなどの**楽しいことも、長時間になると、実は脳の疲れはたまっていく**のです。

　睡眠はいやな記憶を消去する働きがあります。入眠から３時間以内の早い段階で通常、脳が休む状態（ノンレム睡眠）になります。そのとき、いやな記憶が消去されるといわれています。

　良質な睡眠は、いやな感情を忘れさせるだけではなく、**成長ホルモンの分泌をうながしたり、学習の定着（短期記憶を長期記憶に移行する）を促進する**ことがわかっています。ですから、ぐっすり眠るということは、とても大切なのです。

　文部科学省は、小学校５～６年生の理想の睡眠時間は、１日９時間半と発表していますが、実際にはむずかしいばあいもあるでしょう。成長ホルモンの分泌が活発になる時間は、**午後10時から深夜１時の間**と言われていますので、この時間帯に熟睡状態であるように工夫してみてください。よい睡眠が能力を発揮する基本となるのです。

⏻ 朝食で１日のエネルギーを補充しよう

　やる気を出すためにもう１つ大切なのが、朝食です。24時間のサイクルをリセットする効果もあります。

　朝食を食べないで学校にいくと、イライラしたり、集中力が出なかったりします。これは、**朝食を食べない脳は、ブドウ糖が不足したエネルギー不足の状態**だからです。

　睡眠不足だと体の代謝が悪くなり、栄養を十分に吸収することができません。みなさんは、平均的な睡眠時間とくらべて睡眠は長いですか？　短いですか？

　睡眠をよくとれば、翌日**頭も気分もスッキリしている**ことが体感できるはずです。いやなことなどを忘れるためにも、熟睡しましょう。

ワーク 睡眠チェック表

適切な睡眠時間というのは、人によってちがいます。いつ寝て、いつ起きて、何時間眠ったときに調子がよいかというのは**個人差がある**ので、1カ月間睡眠表をつけて、翌朝の調子を観察してみましょう。

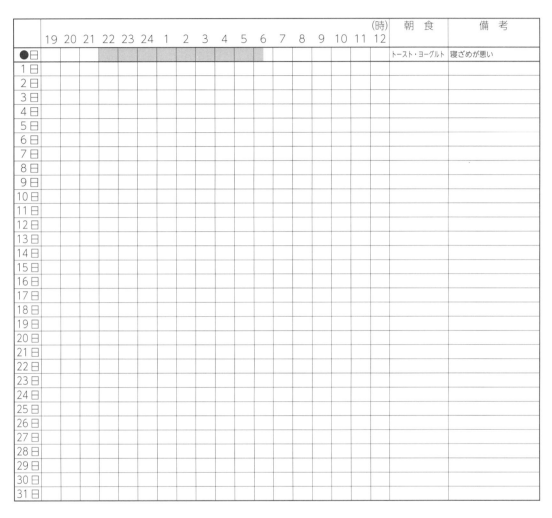

小中学生の平均睡眠時間

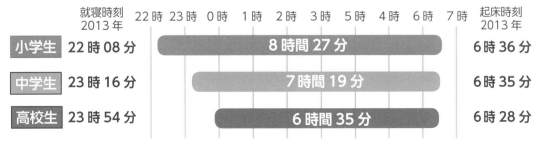

出典：ベネッセ教育総合研究所 第2回 放課後の生活時間調査－子どもたちの時間の使い方[意識と実態] 速報版 [2013]

2 よく眠るために大切なこと

　高1のショウくんは、ふとんに入っても、テストが心配になったり、友だちと仲よくできるだろうかなどと考えてしまい、なかなか眠れません。シーツもごわごわしていると、気になって熟睡できない気がします。マンションに住んでいるので、上の階に住んでいる人の物音が気になって眠れないこともあります。
　十分に眠った感じがしないときは、朝眠くて起きられず、あわてて学校の支度をしなければならなくなってしまいます。

眠れない原因とよく眠るための工夫（例）

①いい点が取れるか心配してしまう → しっかりと勉強する。どんな結果が出ても今の自分のベストと考える
②友だちと仲よくできるか心配してしまう → 友だちへの気持ちをノートに書く、直接思いを伝える
③シーツがごわごわしていると熟睡できない → お母さんに別のシーツに変えてほしいとお願いする
④物音が気になる → 耳栓をして眠る
⑤テレビやスマートフォン → 脳の興奮が残るので眠る直前まで見ないようにする
⑥寝る前の食事やおやつ → 3、4時間前までにすませる
⑦いやな思い → いやなことが頭に浮かんできたら、深呼吸を10回してみる

　不安なことがあると、だれでも眠りが浅くなります。**自分の気持ちを書き出すだけでも、落ち着いてきます**。だれかに話すと楽になったり、よいアドバイスがもらえることがあります。シーツの感触や物音など、いやなことは人によってちがうので、**不快なことを人に伝えることも大切なスキル**です。**信頼できる友だち、大人、親に相談してみましょう。**

ワーク 眠れない原因

　ショウくんは、シーツによっても安眠度がちがうようです。音にも敏感で、耳栓を使っていました。不安なことがあるときも、眠れないようです。
　あなたは何か、生理的に気になったり、心配事で眠れないことはありますか？
　あるばあいは、書き出してみましょう。

1　何か生理的に眠れない原因はありますか？

　　例：うるさいと眠れない、真っ暗だと眠れない

　　..

2　何か不安や怒りなどがあって眠りが浅いことはありませんか？

　　例：親に怒鳴られてむかむかしている、明日の小テストができるか心配だ

　　..

3　眠ろうとする時間が遅くなり、睡眠時間が短くなることはありませんか？

　　例：ゲームの時間が予定より長くなってしまった

　　..

ワーク 眠れないときの対策

上のワークも参考に、あなたが眠れない原因とその対策を書き出してみましょう。

眠れない原因	対　策

17

3　いやなことをやるスイッチを見つける

　宿題や練習など、やらなければいけないけれども、なかなかやる気にならないことがあると思います。やる気になるには何が必要なのでしょうか？
　「いやなことだけど、それをやると、自分が得をする！」という関係を見つけることです。
　「宿題をしたらマンガを30分読める」「練習をしたらレギュラーになれる」「やりたくないことを続けている自分をえらいと思う」などさまざまなものがあります。

やる気スイッチが ON になる例

① 早起きしたら …………………
- ゆっくり朝食が食べられる
- 朝の時間がたっぷりある
- 遅刻しないようになる

② 早く寝たら …………………
- 十分寝ることができる
- 朝、起きたとき眠くない
- 朝、早く起きることができる
- 朝、お腹が空いている

③ 宿題をしたら …………………
- 家族にほめられる
- 自分でもよかったと思う
- 終わった後、好きなことができる
- 先生にほめられる

④ テスト勉強をしたら …………………
- 家族にほめられる
- 自分でもえらいと思う
- テストの点が上がる
- みんなからほめられる

⑤ 身のまわりを整理整頓したら ………
- 家族からほめられる
- すっきりして気持ちがよい
- 探しものをしなくて済む

　人によって「よいこと」とは、好きなものであったり、ほめ言葉であったり、自分で自分が好きになることだったりと、さまざまです。つまり、**人によって、やる気スイッチが入る理由がちがいます。**あなたのばあいはどうか、考えてみましょう。

ワーク　やる気スイッチを ON にしよう

あなたもやりたくないことがたくさんあると思いますが、やりたくないことをやったら、どんなよいことがあるか・いやなことがなくなるかを考えてみましょう。

やりたくないことをやるか・やらないか、その選択があなたの未来を決めていきます。

やりたくないこと　をしたら ➡ やりたいこと　ができる。
　　　　　　　　　　　　　　よいことがある。

やりたくないこと　をしたら ➡ いやなこと　をしないですむ。
　　　　　　　　　　　　　　いやなことがなくなる。

①早起きしたら	➡	（やりたいこと：　　　　　　　　　　　）ができるようになる （いやなこと　　：　　　　　　　　　　　）がなくなる
②早く寝たら	➡	（やりたいこと：　　　　　　　　　　　）ができるようになる （いやなこと　　：　　　　　　　　　　　）がなくなる
③宿題をしたら	➡	（やりたいこと：　　　　　　　　　　　）ができるようになる （いやなこと　　：　　　　　　　　　　　）がなくなる
④テスト勉強をしたら	➡	（やりたいこと：　　　　　　　　　　　）ができるようになる （いやなこと　　：　　　　　　　　　　　）がなくなる
⑤身のまわりを整理整頓したら	➡	（やりたいこと：　　　　　　　　　　　）ができるようになる （いやなこと　　：　　　　　　　　　　　）がなくなる
⑥	➡	（やりたいこと：　　　　　　　　　　　）ができるようになる （いやなこと　　：　　　　　　　　　　　）がなくなる
⑦	➡	（やりたいこと：　　　　　　　　　　　）ができるようになる （いやなこと　　：　　　　　　　　　　　）がなくなる
⑧	➡	（やりたいこと：　　　　　　　　　　　）ができるようになる （いやなこと　　：　　　　　　　　　　　）がなくなる

いつも ①やったらよいことがある
　　　②やったらいやなことがなくなる
の2つを考えるようにしましょう。
1つだけのときよりも
「やろう」という気持ちが強くなります。

4　一番合った勉強法はどれ？

　あなたは、勉強のできる友だちに教えてもらった方法で勉強してみたけれど、成果が出なかったといった経験はありませんか？

　勉強方法は、一人ひとりちがいます。**先生や親がすすめる勉強方法が、かならずしもあなたに合っているとはかぎらない**のです。ぜひ自分に合った勉強方法を見つけましょう。自分に合った方法で勉強すると、やる気もアップして、能率が上がります。

　勉強方法を考えるとき、自分は①視覚タイプ、②聴覚タイプ、③体験タイプのどのタイプなのかを知っておくとよいでしょう。

⏻ 3つのタイプと勉強方法

①視覚タイプ

　見て覚えることが得意なタイプです。「読む」こと「見る」ことをたくさん取り入れましょう。自分でまとめたものを見て勉強するのもよいでしょう。

②聴覚タイプ

　勉強のとき「聞く」ことを意識しましょう。たとえば、動画や音声の教材などを使ってみるのもいいですね。

③体験タイプ

　実際に「体験する」ことが有効です。じっと座って勉強するよりも、体を動かしながら勉強すると覚えやすい、という人です。

ワーク 勉強の環境とやる気度

以下の条件で勉強するとき、どのくらいやる気になりますか？
1～5の中であてはまるところに丸をつけましょう。

■いつ

やる気にならない ←――――→ やる気になる

午前中	1	2	3	4	5
放課後	1	2	3	4	5
家に帰ってから	1	2	3	4	5
夕食の前	1	2	3	4	5
夕食の後	1	2	3	4	5
テレビ・ゲームの後	1	2	3	4	5

■どんな

簡単な勉強	1	2	3	4	5
むずかしい勉強	1	2	3	4	5

■だれと

ひとりでやるとき	1	2	3	4	5
友だちと一緒にやるとき	1	2	3	4	5
せっぱつまったとき	1	2	3	4	5
時間に余裕があるとき	1	2	3	4	5

　夜の方が勉強がはかどるという人もいます。でも、授業やテストは昼間におこなわれます。勉強は日中にする習慣をつけると、授業やテストのときに脳がフル回転するようになります。

　睡眠時間を削って、集中してやる人もいますが、**学習した内容は寝ている間に記憶が定着します**（短期記憶から長期記憶。14ページ参照）。一夜漬けの勉強は、テストのときまでは記憶していてよい点が取れるかもしれませんが、長期の記憶にならないと、すぐに忘れてしまうことがあります。せっかく勉強したのにもったいないですよね。

　やる気スイッチを入れるには、簡単なことから先にやる方法がおすすめです。勉強も**【得意科目】【苦手科目】【得意科目】とサンドイッチのようにワンセット**にすると、やる気が出やすくなります。

5 お弁当をつくろう（サンドイッチ）

　計画立案とは、「実現可能な計画が立てられる」ことです。家事でも旅行計画でも、この能力は大活躍します。

　お弁当にサンドイッチをつくる計画を立ててみましょう。まず1度、朝でなく時間があるときに練習してみましょう。買い物から調理、後片づけまでの計画が必要です。

料理プラン

1　目標：どんなサンドイッチをつくりたい？
　　野菜たっぷりのハムと卵のサンドイッチをつくりたい

2　やることリスト
　①材料を書き出す
　　[サンドイッチ用のパン、レタス、きゅうり、トマト
　　　ハム、卵、マヨネーズ、バター、塩こしょう]
　②買い物リストづくり
　　家にある材料を調べ、買い物リストをつくる
　③準備すること
　　買い物に行っている間にゆで卵をつくる

> **お弁当の日**
> 2001年に香川県の小学校で始まった、子どもが自分でお弁当を作って学校に持ってくるという取り組みです。
> 献立も買い出しも調理も、弁当箱に詰めるのも、片付けも、子どもがします。

つくり方

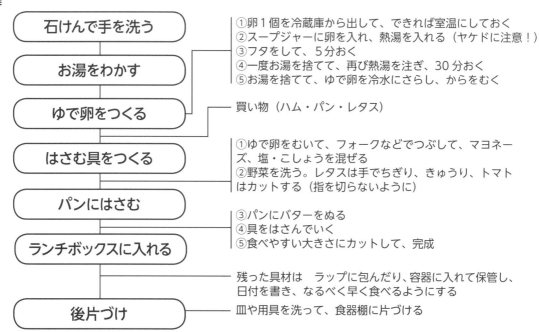

- 石けんで手を洗う
- お湯をわかす
- ゆで卵をつくる
  - ①卵1個を冷蔵庫から出して、できれば室温にしておく
  - ②スープジャーに卵を入れ、熱湯を入れる（ヤケドに注意！）
  - ③フタをして、5分おく
  - ④一度お湯を捨てて、再び熱湯を注ぎ、30分おく
  - ⑤お湯を捨てて、ゆで卵を冷水にさらし、からをむく
- 買い物（ハム・パン・レタス）
- はさむ具をつくる
  - ①ゆで卵をむいて、フォークなどでつぶして、マヨネーズ、塩・こしょうを混ぜる
  - ②野菜を洗う。レタスは手でちぎり、きゅうり、トマトはカットする（指を切らないように）
- パンにはさむ
  - ③パンにバターをぬる
  - ④具をはさんでいく
  - ⑤食べやすい大きさにカットして、完成
- ランチボックスに入れる
- 残った具材は ラップに包んだり、容器に入れて保管し、日付を書き、なるべく早く食べるようにする
- 後片づけ ── 皿や用具を洗って、食器棚に片づける

ワーク ものづくり計画表

サクラさんはサンドイッチ弁当の計画表をつくりました。

目　標	野菜たっぷりのハムと卵のサンドイッチをつくる
材　料	・サンドイッチ用のパン　・卵 ・レタス　　　　　　　・マヨネーズ ・きゅうり　　　　　　・バター ・トマト　　　　　　　・塩こしょう ・ハム
準備しておくこと	買い物リストをつくる ゆで卵をつくる
つくり方	①ゆで卵をむいて、フォークなどでつぶして、マヨネーズ、塩・こしょうを混ぜる ②野菜を洗う。レタスは手でちぎり、きゅうり、トマトはカットする ③パンにバターをぬる ④具をはさんでいく ⑤食べやすい大きさにカットして、完成
気をつけること	ヤケド、指を切らないようにする

料理プランを見返す

サクラさんは、朝、お弁当としてつくるときにもっと短い時間で、もっとおいしくつくるためにどんなことをしたらいいか考えました。

①バターは必要な分だけ、冷蔵庫から出して、室温に戻しておく
②やわらかいマーガリンやチューブ容器のバターは使いやすいので急ぐときはこれを使う
③ハムは種類が多くて、どれを買うのかまよい、時間がかかった。お母さんにいつも買っているのはどれか聞く
④使った道具はまとめて洗ったが、まな板や包丁は、使い終わったらすぐに洗った方がつくるスペースが広くとれそう
⑤慣れたら他の具にもトライしてレパートリーを広げようかな

> お弁当を家にあるものでつくる、1人分○○円でつくるなど目標を変えてトライしてみましょう。

ワーク　お弁当の日プロジェクト

目　標	予定時間（　　　分）
材　料	[家にあるもの] ・ ・ [買いに行くもの] ・ ・
前日までに 準備しておくこと	
つくり方	① ② ③
やること	① ② ③
気をつけること	

●次にやるとき注意すること

……

……

●お弁当をつくった感想

……

……

6　WANT TO DO リスト

⏻ 気が進まず取り組めないとき

　サクラさんはおっとりタイプで、とても優しいのですが、やりたいことがあっても段取りが悪く、忘れものも頻繁にしてしまいます。ぼーっとしてしまい、朝なかなか起きられないため、よく親から怒られています。

　まずは「やることリスト」「TODO リスト」をつくり、それを 1 つずつやっていきましょう、と親や先生から言われています。

　でも、「やること」というと、**「やらなければいけない」** ようなプレッシャーがかかるので **「自分がやりたいことリスト」** と考えると、とりかかりやすくなりました。

　サクラさんは、本当にやりたいことのためにやらなければいけないことのリストを書き出しました。

⏻ 手順①　本当にやりたいこと

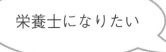

栄養士になりたい

⏻ 手順②　目標のためにやらなければいけないこと

1. 短大に行くために、中学生になったら定期テストで 70 点以上取る

2. 宿題は提出日までに提出する

3. 午前中の集中力を高めるため、平日スマホとゲームの時間は 1 時間にして、11 時には寝る

栄養士になりたいと言う思いをふくらませるために、
いろいろな切り抜きを貼ったり
イラストを描いてもよいでしょう。
他にほしいものを買うために
やりたいことリストをつくって、
計画的にお金を使うリストなどにも
活用できますね。
毎日よく見えるところに貼っておきましょう。

やりたくないことだけど

①やりたくないことをしたら ➡ やりたいことができる。よいことがある
②やりたくないことをしたら ➡ いやなことをしなくてすむ。いやなことがなくなる

この２つのことも書き添えておきましょう（18ページ　いやなことをやるスイッチを見つける）。

これが自分が「やりたいことリスト」になるポイントです。

手順③　やる順番を考えましょう

かならず今日中にやった方がよいことを書き出しましょう。５分以内にできることは、原則すぐにやることをおすすめします。終わった達成感を味わうとやる気が出てきますよ。

今日できなくてもよいものは、リストの最後に

今日したくてもできないこともあります。できなくてもよいものは、後の方に書いてみましょう。**できなかったことがあっても、ダメだと思わず、明日でもできるから大丈夫と思う**ことも忘れずに。

手順④　やりたいことリストの完成

やらなければならないこと、やりたいことは変わっていきます。そのつど、書き込んでみましょう。読みづらくなったら、新しい紙に書き換えてみましょう。

ワーク ＿＿＿＿＿になるためにやりたいことリスト

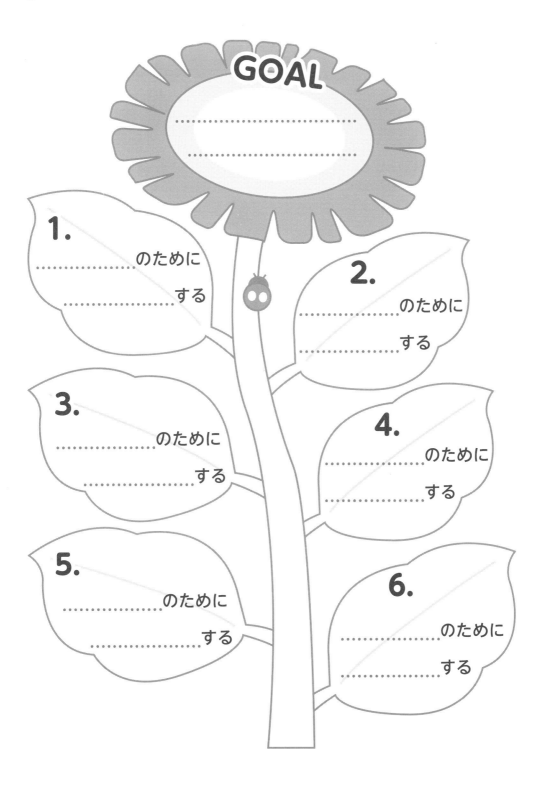

7 自分に合った部活を決めよう

選ぶときに迷ったら

中1のユウトくんは、野球部に入るか、生物部に入るか、迷っています。

このように、学年が上がるにつれて、自分で決めなければならないことがだんだん増えてきます。ユウトくんのように、どちらにしようか迷うこともあるでしょう。まず、**自分に合った目標を決めておくことが大切**です。その目標が実現していくかが、どちらを選ぶかの判断基準になります。右の表を使って、自分にとってよいところ、そうでないところをくらべてみましょう。

野球部を選ぶと

①野球は大好き
②運動はちょっと苦手
③学校まで遠いので、朝練に参加するのはむずかしいかな
④仲のいい友だちが、「一緒に野球部に入ろう」と言っている

生物部を選ぶと

①生き物が好き。生き物を飼ったり、調べたりしてみたい
②理科の成績がよくなるかも
③生物部に友だちがいない
④部員が少ないので、活動が活発ではないようだ

表をつくってくらべてみましょう

ひとりで決められないときには、友だちや大人にも相談してみましょう。好きかどうかだけではなく、いろいろな条件（長く続けられるか、お金がかかるか、休みはありそうかなど）を考えて、2番目に好きなものを選ぶという選択肢もあります。

ワーク どっちにする？ 見くらべシート

ユウトくんが左ページで迷った2つの部活についての思いをくらべやすく表にしました。

■ユウトくんの部活選び

	野球部		生物部	
メリット（＋）／デメリット（－）	＋	－	＋	－
好きの度合い	大好き		好き	
友人関係	友人と一緒			まだいない
朝練		毎日	なし	
時間的余裕		なし	あり	
親の意見	朝起きる自信があるのなら、野球部でもよいのではないか。ただ、疲れて宿題ができなくなるのが心配。		2番目に好きなものだし、友だちがまだいなくてもこれからできる可能性がありよいと思う。部活の時間が短いので、時間の余裕ができるのもユウトに向いている。	
自分の意見（結論）				

■あなたの部活選び

メリット（＋）／デメリット（－）	＋	－	＋	－
好きの度合い				
親や先生などの意見				
自分の意見（結論）				

それぞれの空欄に書き入れてみましょう。もし、やってみたいことが3つ以上あれば、表を横に広げて欄を増やします。

8　わからないことは相談しよう

聞くは一時の恥

　計画を立てるとき、はじめてのことについてはわからないことがたくさん出てきます。たとえば旅行をするとき、どんなものを持っていったらよいのか、交通手段や到着するまでの時間、必要なお金など、わからないことだらけです。

　でも、**ひとりで計画を立てようと思わなくてもよい**のです。わからないときは、知っている人に聞くことが、計画を立てる上でのポイントです。だれに、いつ、どういう内容を聞くかを考えて、相談シートをつくってみましょう。

　わからないことを聞くのははずかしいなあと思うかもしれませんが、ひとりの人間が知っていることはかぎられています。**わからないことは、知っている人・経験している人に相談するのが一番の近道**です。勇気を出して、周囲の人に相談してください。きっと参考になる意見が聞けると思います。

　相談されるとうれしいと思う人もいるので、友だちに聞いてみるのもいいかもしれません。**相談に乗ってもらったときは、言葉で感謝の気持ちを伝えることを忘れないように。**そして、あなたもだれかが困っていたら相談に乗ってあげましょう。

相談シートに書き込むまえに

　相談する前に、相談シートに聞きたい内容を整理しておくと、聞き忘れがなく、相手にも何が聞きたいかがはっきりわかります。

ワーク だれに聞こう？　相談シート

　中1のユウトくんは、今日の英語の授業でわからないところがありました。お母さんにはちょっと聞きにくい感じがしますし、お父さんは帰りがいつも遅くなります。そこで相談シートをつくって、だれにいつ相談したらよいかを考えてみました。

　＊内容によっては、相談する人を変えてもOKです！

■勉強がわからないとき（ユウトくんの例）

だれに聞く？	1. 兄　　2. 母親　　3. 父親
いつ聞く？	1. 今日　　2. 明日　　3. 週末
相談したい順	①帰宅して兄にすぐ ②夕食後母親に ③週末に父親に
友だちはどうしている？	家庭教師の先生に聞くか、学校の先生にその日のうちに聞く
自分の意見	家庭教師はいないから、他の英語の先生に聞いてみよう！

■あなたがわからないことをだれに聞くか考えてみよう

だれに聞く？	1.　　2.　　3.
いつ聞く？	1.　　2.　　3.
相談したい順	① ② ③
（　　　）はどうしている？	
自分の意見	

9　1日の時間を上手に使おう

時間を守る大切さ

　1日は24時間と決まっています。この限られた時間の中で、**約束の時間に遅れずに行ったり、締切までに課題を完成させたりすることは、とても大事なこと**です。

　でも、時間を計算しながら行動するということは、意外とむずかしいですよね。ちょっとだけゲームをしようと思ってやり始めたら、あっというまに1時間経ってしまったり、今日中にやろうと思っているうちに夜になってしまったりすることは、大人でもよくあることです。遅刻をしたり、約束の日に課題が終わらないことが続くと、人から信用されなくなってしまいます。

　時間をうまく使うためには、**今日中にすることをはっきりさせておく必要があります**。やることがはっきりしたら、何時から何時の間にするか、タイムスケジュールをつくります（右ページ参照）

　平日は授業や部活などでいそがしい分、**休日はリラックスする時間を入れてください**。とくに定期テストが終わった後などは、十分に心と体を休めましょう。何も予定を入れない時間をつくると、脳がリラックスすると言われています。でも、「やらなくちゃ」と思いつつダラダラしているのはよくありません。**オンとオフの切り替えが重要です**。

やることリスト（中1のユウトくん／平日）

- ☐ 起床・朝食
- ☐ 学校に行く
- ☐ 学校で勉強
- ☐ 学校で部活
- ☐ 帰宅
- ☐ 帰宅・夕食・お風呂
- ☐ 宿題
- ☐ テレビ・ゲーム
- ☐ 就寝

ワーク　ユウトくんの1日

理想のタイムスケジュール

- 午前 0:00
- 1:00
- 2:00
- 3:00
- 4:00
- 5:00
- 6:00
- 7:00　7:00 起床
- 　　　7:50 登校
- 8:00
- 9:00
- 10:00
- 11:00　学校
- 12:00
- 午後 13:00
- 14:00
- 15:00
- 16:00　16:00〜17:00 部活
- 17:00
- 　　　17:30 帰宅
- 18:00　18:00〜19:30 宿題
- 19:00
- 　　　19:30 夕食
- 20:00　20:00 入浴
- 21:00　21:00 ゲーム
- 22:00　22:00 就寝
- 23:00
- 24:00

実際に使っている時間

- 午前 0:00
- 1:00
- 2:00
- 3:00
- 4:00
- 5:00
- 6:00
- 7:00　7:00 起床
- 　　　7:50 登校
- 8:00
- 9:00
- 10:00
- 11:00　学校
- 12:00
- 午後 13:00
- 14:00
- 15:00
- 16:00　16:00〜17:00 部活
- 17:00
- 　　　17:30 帰宅
- 18:00　18:00 ゲーム・マンガ（おやつ）
- 19:00　19:00 夕食
- 20:00　20:00 テレビ
- 21:00
- 　　　21:30 入浴・テレビ
- 22:00　22:00 宿題・ゲームなど
- 23:00
- 24:00　24:00 就寝

1 やる気スイッチ
2 計画立案
3 時間の管理
4 空間や情報の管理
5 お金の管理
6 切り替え
7 ワーキングメモリ
8 集中と制御

ワーク あなたの1日の使い方

あなたの理想とする1日の時間の使い方を、平日分と休日分で書いてみましょう。

時刻	使いたい時間 平日（部活・塾なし）	使っている時間 平日（部活・塾なし）	使いたい時間 平日（部活・塾あり）	使っている時間 平日（部活・塾あり）	使いたい時間 休日	使っている時間 休日
午前 0:00						
1:00						
2:00						
3:00						
4:00						
5:00						
6:00						
7:00						
8:00						
9:00						
10:00						
11:00						
12:00						
午後 13:00						
14:00						
15:00						
16:00						
17:00						
18:00						
19:00						
20:00						
21:00						
22:00						
23:00						
24:00						

10　やりたいとおりにできない理由

⏻ダラダラしてしまうとき

　ユウトくんは帰宅した後、おやつを食べながらゲームをしたりマンガを読んだりしてしまい、自分でもムダな時間だなぁと思っています。けれど帰ってすぐはやる気になれず、ついついそうしてしまいます。

　友だちはみんな塾に行っていて楽しそうにしているし、成績もちょっと下がってきているので、塾に行きたいなと思い始めています。

　夕食を食べた後は家族みんながテレビを見る習慣があるので、ついついつき合って見ています。宿題をもっと早めにやりたいとは思うのですが、いつも夜遅くから宿題を始める毎日です。ゲームもやりたくなって宿題もせずにゲームをやってしまうので、眠るのも遅くなってしまっています。

　ユウトくんが**思い通りの時間の使い方ができていない理由**（やらなければいけないこととのギャップ）を整理してみましょう。

□ 帰宅後、ゲームをしたりマンガを読んだりしてしまう

□ 夕食後、テレビを見てしまう

□ 宿題が始められない

□ 宿題をしながらゲームをしている

□ 塾に行きたいけれど、行っていない

　これを表にして、理由と対策を考えてみました。

ギャップと理由

あなたがやりたいのにできない、そのギャップとして悩んでいることを書き出して、その理由と対策を考えてみましょう。対策を考えるときには、悩みの原因を大きく2つに分けることが大切です。

1つ目は、自分ががんばったり、やり方や習慣を変えれば何とかなることです。**考え方ややり方を変えると解決できる**ことがあります。

2つ目は、自分だけでは変えられないことです。**他の人がちがう意見を持っていて決定権も持っていると、それを強制的に変えることができません**（たとえば塾に行きたいと思っても親が許可しないなど）。自分はどうしたいかを訴えることはできますが、**ダメなばあいはしかたないとあきらめることも大切**です。

ワーク　ユウトくんのギャップと対策

ギャップ	その理由	対策
帰宅した後だらだらゲームしたりマンガを読んでしまう	疲れているのでやる気が出ない	疲れているときは少し寝てみよう。お風呂を先にしてみてもいいかも
夕食の後、ついついなんとなくテレビを見てしまう	家族が見ているから、つい習慣で	家族に夕食後、テレビは見ないと宣言する テレビのない部屋に行く
宿題に取り掛かる時間が遅くなってしまっている	カバンを開くのがめんどうで、ついつい手軽にできるゲームやマンガに手が伸びる	帰ったらまず宿題をカバンから出して、できる態勢をつくる
宿題の合間にゲームをしてしまい、なかなか宿題が終わらない	夜は頭が働かなくて、気づけばゲームをしてしまっている	夕食前までに宿題を終わらせるようにしたい。少なくとも取りかかるようにはする
塾に行きたいと思っているけれど、行っていない	母親が、「家で勉強できるでしょ」「きっと続かないよ」と反対している	友だちと一緒に塾で勉強したら成績が上がると思うと伝えて、もう一度母親に交渉してみる

ワーク　悩みと対策シート

あなたが日々、「なんだかうまくいかない」「もっとこうできたらいいのに」と思うことを書き出して、理由と対策を分析してみましょう。

ギャップ	その理由	対　策

11 何分でできるかな？

　朝、予定通りに起きたのに、支度に手間取って、遅刻してしまった！　ということはありませんか？　時間通りに行動するために必要なことは、**かかる時間を正確に見積もる**ことです。

　たとえばいつもは20分でご飯が食べられるのに、テレビを見ながら食べていたら30分かかってしまった、ということがあります。**テレビを見たことが原因ですから、食事に集中するために、テレビは消すようにします。**

かかりそうな時間を見積もってみよう

　目覚まし時計が鳴ってもすぐに起きられない人は、ふとんから出るまでの時間も見積もっておく必要があります。また、ヘアスタイルや洋服のシワが気になるということがあるかもしれません。そんなときは**「5分で切り上げる」**と決めてしまいます。

　朝、ドタバタしてしまうのは、前の日に準備をしていなかった、ゲームをして遅く寝たなど、前の日の行動も影響しています。寝る前に明日の準備をするのはめんどうかもしれませんが、前日にやっておくと、朝、あわてずに出かけられます。

　帰ってから寝るまでも、おなじように記録しましょう。学校を出る時刻、塾の時間、お風呂などは決まっています。自分で決めることができる、休憩時間やゲームの時間、宿題をやる時間などが不規則になってしまいます。原因を考え、対策を立ててみましょう。

　下の表は、ユウトくんが朝起きてから学校に行くまでやっていることを書き出し、予想の時間と実際の時間を記録したものです。予想より時間がかかったものは、原因と対策を書くようにしました。

●ユウトくんが起きてから出発するまで

やることリスト	予想	結果	差	差が出た理由	対策
目覚まし時計がなってから起きるまでの時間	5分	20分	＋15分	睡眠不足で起きられなかった	寝るまでのスケジュール管理をして早く寝る
身支度	15分	15分			
・洗顔、歯磨き	5分	5分			
・ヘアスタイル	10分	20分	＋10分	寝癖がなおらなかった	なおらなかったらあきらめる
・着替え					
食事	20分	25分	＋5分	スマホを見ながら食べていた	食べることに集中する
持ちもののチェック	5分	25分	＋20分	忘れものを探した	前日にきちんと準備をしておく

■ユウトくんが帰宅してから寝るまで

やることリスト	予 想	結 果	差	差が出た理由	対 策
帰宅時間	午後5:00	午後5:30	+30分	友だちと話していて遅くなった	時間を意識して話す
宿題をする時間	午後6:00	午後7:00	+60分	ゲームをしていて遅くなった	タイマーを使う
寝る時間	午後10:00	午後11:30	+90分	宿題が終わらずに遅くなった	宿題にかかる時間を長めに予測し、スタートを早める

ワーク 支度時間見積もりシート

あなたが、朝起きてから出発するまでと帰ってから寝るまでにすることを書き出します。それぞれにかかる時間を予想し、実際にかかった時間とくらべてみましょう。

■起きてから出発するまで

やることリスト	予 想	結 果	差	差が出た理由	対 策
目覚まし時計がなってから起きるまでの時間					
身支度					
・洗顔、歯磨き					
・ヘアスタイル					
・着替え					
食事					
持ちもののチェック					

■帰宅してから寝るまで

やることリスト	予 想	結 果	差	差が出た理由	対 策
帰宅時間					
宿題をする時間					
寝る時間					

12 遅刻の原因を考える

　高1のショウくんは、学校に間に合う時間に家を出たはずなのに、遅刻してしまいました。遅刻をした日のことを思い出して、原因を探しました。
　①ショウくんの学校が始まるのは8時40分
　②学校にはいつも8時30分に着く
　③起きたのは7時、いつものように7時40分に自転車で家を出た
　④駅前の自転車置き場が混んでいた
　⑤いつもの電車に乗り遅れ、1本後に乗った
　⑥学校に着いたのは8時50分だった

　今回は自転車置き場の混雑が原因でしたが、遅刻しないように対策を立てるときには、**この他にも遅刻する原因はないだろうか？　と考えてみる**ことが大切です。
　「いつもなら（トラブルがなければ）この時間でできる」けれど、**「こんなトラブルが起こるかもしれない」と想像してみる**ことがポイントです。
　ショウくんは、他にも遅刻の原因になりそうなことを考えてみました。そして、その対策を立てて表にしてみました。

遅刻した原因	遅刻しないための対策
自転車置き場が混んでいる	混んでいることを想定して余裕をもたせる
電車が事故などで遅れる	想定内にして余裕をもたせる
予定の電車に乗れない	早めに出る
忘れものがあって取りに戻る	前日に準備しておく
探しものがあって時間がかかる	前日に準備しておく
寝癖がとれずに気になって出発が遅れる	時計を見て、寝癖がなおらなくても10分で切り上げる

ワーク 遅刻対策

まず、遅刻をした原因を書き出してみましょう。約束の時間に遅れてしまったとき、学校に遅れたときのことを思い出して書いてみましょう。

あなたが遅刻した原因	遅刻しないための対策
①	①
②	②
③	③
④	④
⑤	⑤
⑥	⑥

13 逆算のプランニング

　時間を上手に使うために「逆算」という方法があります。下の表を見てください。起きてから学校に着くまでにやることと、それにかかる時間です。学校に着く時間（8時30分）からさかのぼってそれぞれの開始時刻を決めるのです。

　高1のショウくんの学校は、8時40分からホームルームが始まります。10分前の8時30分までに学校に着くためには、どうしたらよいでしょう？

　10分間自転車に乗って駅まで行き、25分間電車に乗り、徒歩5分で学校に着きます。ショウくんは、何時に家を出れば余裕をもって学校に着くことができるか、考えてみました。

①最終の目的の時間を決める
②起きてから学校に着くまでにやることを書き出す
③それぞれにかかる時間を正確に見積もる（38ページ参照）
④事前にトラブルを予想して、対策を立てる（40ページ参照）

時刻	やること②	見積時間③	余裕をもつと④
23:50	寝る	7時間	
6:50	起きる		
6:50	身支度（洗顔、歯磨き、トイレ…）	20分	
7:10	朝食	15分	
7:25	出発：家→自転車置き場	10分	5分 自転車置き場が混雑
7:40	移動：自転車置き場→電車乗り場	5分	
7:45	電車を待つ	5分	
7:50	電車で移動	25分	10分 電車の遅れ
8:25	学校まで歩く	5分	
8:30	学校に着く①		

ここから逆算

8時30分に学校に着くためには、余裕をもって、家を7時25分に出ればいいことがわかりました。睡眠時間を7時間取るためには、23時50分には寝て、6時50分に起きればいいとわかりました。

ワーク あなたが_____に行くまで

あなたが目的地に着くまでにやることを書き出し、それにかかる時間を見積もってみましょう。着く時刻から逆算してそれぞれのやることをはじめる時刻を決めてください。そのとき、予想していなかったトラブルが起こっても、余裕をもって時間を考えておけば、落ち着いて行動することができます。前日に天気のチェックもしておきましょう。

時刻	やること ②	見積時間 ③	余裕をもつと ④
	寝る		
	起きる		
	身支度（洗顔、歯磨き、トイレ…）		
	朝食		
	家を出発する		
	_____に着く		

①

トラブルの例
・カギが見つからない
・持っていくプリントがない
・かさをとりに戻った

14 これは捨てる？　とっておく？

　空間の管理というと、すごくむずかしそうですが、簡単に言えば整理整頓のこと。すぐに必要なものが取り出せるように身の回りをきちんとしておくことです。

　片づけが苦手な人は、捨てるもの・とっておくものを分けるのにも時間がかかったりします。そこで、片づけをするときは、選択肢を1つ増やして①**捨てるもの、②とっておくもの③保留するものの3つに分けます。**

3つの箱に入れる

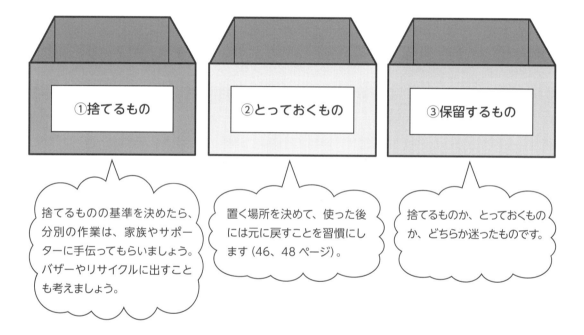

　保留したものを3つめの箱に入れます。そしてこれまで何回使ったか、代わりのものですますことができないか、置き場所はあるかなどを考えて、捨てるもの、とっておくものに分けます。それでも保留するものが残ったら、次に片づけるとき、保留したものを出して、捨てるもの、とっておくものに分けましょう。作品などは、画像で保存して捨てるというのもよいでしょう。

　家の中の整理整頓で一番大切なことは、**「すぐにゴミになるものを家に持ち込まない」**ことです。衝動的に買いたくなったときは、必要なものかどうかを最低1日は考えてみましょう。すぐにあきてしまうものかもしれませんので、時間をあけることが大事です。

ワーク 捨てるもの・とっておくもの・保留するものリスト

①捨てるもの箱

- 一度も使わなかったもの
- もう使わないもの
- 代わりのものがあるもの
- リサイクルショップに出すもの

＊寄付やリサイクルをしている人を見つけてお願いする
＊親と相談してネットで販売する
＊ほしい人にあげる

....
....
....
....

②とっておくもの箱

- 思い出のあるもの
- 思い出箱にいれておくもの

＊写真を撮って残しておく方法もある

....
....
....
....

③保留するもの箱

- 3〜4カ月に1回はチェックして、使わなかったら基本的に捨てる

....
....
....
....

1 やる気スイッチ
2 計画立案
3 時間の管理
4 空間や情報の管理
5 お金の管理
6 切り替え
7 ワーキングメモリ
8 集中と制御

45

15　決めたところに置こう

　小6のサクラさんは、爪切りやハサミを元の場所に戻すのを忘れてしまい、家族みんなで探しまわったりします。靴下を脱ぎっぱなしにして、よくお母さんに怒られます。
　そこで爪切りに、「ケースに戻す」と書いたシールを貼りました。ハサミはつねにおなじ場所に置き、切りたいものをハサミのあるところに持って行って切るようにしました。
　1日はいた靴下を洗濯機に入れるのを忘れてしまうので、チェックシートをつけることにしました。
　このように、**ものの特徴に合わせて所定の場所に置く工夫**をしたら、ものを探すことも怒られることも減りました。整理が苦手な人は、まず定位置が決まっている、家族で共有しているものを使ったら、元に戻すトレーニングから始めましょう。
　いつも使うものは置き場所を決めて、使ったらそこに戻すことが大切です。なかなかそれができない人は、つぎのように考えてみましょう。

 整理することが苦手な人のルール

- 全部をきっちり整理しなくてもよい
- 必要だけど、ふだんは使わないものは、どこにあるかがわかればよい
    - ＊思い出の品
    - ＊学校でたまに使う書道セット
    - ＊ゲーム機の保証書　など
- 整理が必要なのは、よく使うものだけ

 決められたところに置かれていないデメリット

- 必要なものが見つからないと、イライラしたり、やる気スイッチがオフになったりする
- 探しものが原因で遅刻してしまったりする
- 何かを探している時間はもったいない
- 整理しないとムダな時間が増える

ワーク 探したもの表

探したもの	見つからなくて困ったこと	対　策
家のカギ	バスに乗り遅れた	カバンにつけた
借りたマンガ	友だちとの関係が悪くなった	読み終わったらすぐにカバンに入れる

16　分類して置く場所を決める

　ものの置き場所を決めるときは、ものを「分類」して、似たもの同士をおなじ場所に置くことです。思いつきでものを置くと、どこに置いたかわからなくなってしまいます。
　サクラさんは、勉強道具や遊ぶものをお母さんと一緒に分類することにしました。

 分類するためには

1 置き場所を決めるものを集める
　　＊ものがたくさんあるばあいは、紙に書き出す方法もある。
　　　　　　　↓
2 分類する基準を決める
　　＊どのように分類したら便利か考える。
　　＊学校・塾・家で使うものという３つのグループに分けることにした。
　　　　　　　↓
3 基準にそって分けていく
　　＊お母さんと一緒にものを一カ所に集め、３つのグループに分ける作業をした。

 分類のポイント

　まず、分類する基準を決めるということがポイントです。とくに②が大切です。他にもいろいろな分類ができるのでアイディアを紹介します。
①サクラさんは、学校・塾・家と使う場所ごとに分類しました。他にも次のように分けられます。
　　　＊勉強で使うもの
　　　＊家の中の遊びで使うもの
　　　＊家の外の遊びで使うもの
②一緒に使うものは一緒に置きます。
　　　＊エンピツ、消しゴム、ハサミ、のり、ホチキスなど文房具は「文房具入れ」に入れる。
③とくに重要なものは、特別な箱や色つきのクリアファイルなどに入れます。
　　　＊学校からのプリント
　　　＊連絡帳や集金の袋
　　　＊通知表やテスト用紙など
④あまり細かく分類しないこともポイントです。
　　　＊あまり細かく分けてしまうと、どんな分類をしたかわからなくなります。とくによく使うものは、元に戻すのがめんどうになるので、手元に見えるように置くのもいいでしょう。

ワーク　学校から持って帰ったプリントの整理方法

　学校で分類するのが苦手な人は、プリントだけ入れるクリアファイルを1つつくり、そこにすべて入れましょう。家には、お店で売っているものを活用してプリント入れをつくります。

　家に持って帰ったプリントの仲間は分類して、そこに全部入れます。ひとりでできないときは、家族に手伝ってもらいましょう。

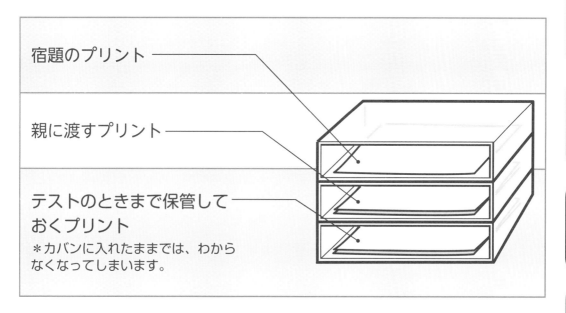

宿題のプリント

親に渡すプリント

テストのときまで保管しておくプリント
＊カバンに入れたままでは、わからなくなってしまいます。

17 置く場所を決めて、目印をつけよう

　サクラさんは、よくハンカチを忘れて学校で注意されます。ハンカチは服と一緒にタンスの中にしまってあるのですが、家を出るときに出すのを忘れてしまいます。
　そこで、玄関に小箱を置き、そこにハンカチやティッシュ、家のカギをまとめて入れることにしました。そうすると、学校に行くときに忘れることがなくなりました。家に帰ったときには、箱の中にハンカチやティッシュ、カギを戻しておきます。

置き場所を決めるポイント

①どこにあれば便利かを考える
　よく使うものはよく開けるところ、よく触れるところ、よく目立つところしまい、**あまり使わないものはあまり開けないところ、あまり触れないところ、あまり目立たないところに**しまうのが基本です。

②使う場面を考える
　下の図の矢印のように**移動するところにものが置いてあると便利**なのです。たとえば、外に出るときはかならず玄関から出るので、カギやティッシュ、ハンカチ、靴などが玄関にあると便利です。おなじように、洗面所には、石けんやタオルを置きます。近くにお風呂があれば、洗濯物を置くカゴがあるでしょう。**どこに置けば便利か、使う場面を考えて決め**ましょう。

③決めることが苦手な人は
　決めることが上手な人に決めてもらいます。何を置いたか忘れることもあるので、**入れたものの写真やイラストを貼っておく**と、どこに置いたかすぐにわかります。

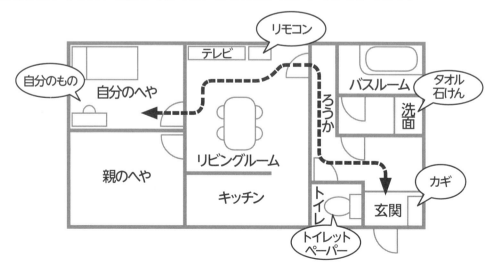

ワーク　決めた場所に置けたシール

3週間、ものの位置を決めた道具をそこに戻せたかチェックしましょう。
お気に入りのシールやスタンプを貼るとやる気が続きます！

道具の名前 ☐

道具の名前 ☐

道具の名前 ☐

51

18 きれいな部屋を保つ工夫

　サクラさんは整理整頓が苦手です。家族で一緒に使うものも、決まった場所に戻すのを忘れてよく注意されます。どこで使ったかも忘れてしまいます。置き場所を決めても、すぐにぐちゃぐちゃになってしまいます。使ったらすぐに元に戻したり、学校から帰ったときに、整理したりすればいいのですが、他のことをしていると忘れてしまいます。

　家族と話し合って、次のような整理整頓の工夫と、続けるためのルールを考えてみました。

 整理整頓のコツ

- いらないものは捨てて、保留するものは保留ボックスにまとめる
- 保留したものは、ときどき見直して、いらないと考えたものは捨てる
- いつも使うものを種類ごとに分類する
- 置き場所を決めて使ったらそこに戻す
- 置き場所がわかるような工夫をする

 整理整頓のマイルール

- 必要なときにものが見つけられれば、かならずしも部屋がきれいでなくても構わない
- とはいっても、部屋がごちゃごちゃになっていくと、どこに何があるかがわからなくなっていく。ものの場所がわからなくなる前に、定期的に整理整頓する
- ひとりでできないばあいは手伝ってもらう
- 短時間、場所を決めて片づける
- 「とりあえずカゴ」を置く

　ぐちゃぐちゃになった部屋を今日1日で整理整頓するぞ！　と思っても、長時間集中して作業をするのが苦手な人は多いと思います。

　そこで、たとえばCMが流れている間だけ机の上を整理するとか、タイマーを10分間だけかけて床の上に置きっぱなしのものを箱の中に入れる作業をします。**5分間、10分間でどれだけできるか、ゲーム感覚でやります。**

　部屋の隅に大きめのカゴを用意しておき、外から持ち帰ったものや、使った場所に戻すのがめんどくさいとき、とりあえずカゴに入れます。必要なものが見あたらないときは、まずそこを探すと見つかります。ただし、この**「とりあえずカゴ」は1個だけ**にします。

ワーク 【大人の方へ】家の中にものを増やさない

① 「不必要なものを捨てる」から「**基本は、全部捨てる。必要なものだけ残す**」と考えましょう。

② 「とっておきたいもの」にはキリがないので、限度を決めることがポイントです。
「前年度の教材箱」と「思い出箱」を1つずつ置くなど、絶対に箱の数を増やさないようにします。

③ 1カ月に1～2回、勉強机の上、部屋の床などのものをいったん全部ゴミ袋に入れます。
「ゴミ袋の中から必要なものだけを取り出して」と子どもに声がけします。1つの袋につき10分間、タイマーを設定し、必要なものだけを取り出させます。ゲーム感覚で短時間に集中しておこない、「片づければ気持ちがいい」という体験を毎月繰り返します。
自立とサポートのバランスは、とてもむずかしいのですが、子どもに指示するだけでは片づけられるようにはなりません。大人が必要なサポートをして子どもに達成感を与えましょう。

19 「自分のお金の流れ」を把握する

「お金について学ぶ」にはいくつかの段階があります。

最初は、「自分のお金の流れを把握する」ことからスタートします。「生活するには、お金がかかるんだ」という自覚を持つ必要があるからです。

小学校高学年になったら、「おこづかいをもらう」方式から**必要経費を精算する**という方式に切り替えていきます。

その前準備として、1週間に1回、文房具や参考書を買うお金、塾に行くときの交通費、おやつ代など、必要なお金を書き出してみます。そうすることで、**生活するにはお金がかかることを実感**できます。また、自分のお金を計画的に使う習慣が身についていきます。ただし、使いみちを細かくしすぎると、めんどうになりますので、ザックリとした費目で十分です。

ここでの目的は、2つです。
① **自分のお金の使い方を把握すること**
② **お金の使いみちを、家族の中で透明化すること**

ショウくんの精算タイム

① 日曜日の夕飯後を精算タイムにあてています。
② 1週間に使ったお金をおこづかい帳に書き出し、承認権のある人（たとえば父親）に見せます。
③ おこづかい帳に書き出すためには、レシートや使った先がわかるメモを残しておく必要があります。
④ 問題がなければ、使った金額を精算します。各自の月謝袋をつくっておき、精算金額を書いて渡します。月謝袋に記録をつけることで、「自分のお金の流れ」が見えてきます。

ショウくんは、立て替え払いをしていますから、手持ちのお金がなくならないように気をつけるようになりました。精算用紙に記入するときに家族で、「ゲームにお金使いすぎじゃないの？」とか、「これはおこづかいの使い方とは認められないから、精算しない」など、「お金の使い方」について、話をするきっかけにもなっています。

1週間単位の精算だと「大仕事」になりませんし、使い方がおかしいときには、軌道修正が簡単にできます。

ワーク おこづかい帳の書き方と活用

【5月　第2週】

　　　　　　　　　　　　　　　　　ここには金額のうちわけを
　　　　　　　　　　　　　　　　　書いておきます。

レシート貼りつけ欄	覚書 ①書店で算数用ドリル ②立川でサッカーの試合（吉祥寺↔立川） ③ノート1冊、消しゴム

日・曜日	食事	文房具	書籍	その他	精算合計			こづかい合計	家事分担
8／水									
9／木		③604							
10／金									
11／土				②432					
12／日			①1080						
13／月									
14／火									
合　計									

　　　　　電卓を使って計算します。

（親子の会話メモ）

サッカーはPK戦となり
1－0でショウのチームの勝利！

お祝いに
おいしいものを食べよう！
　　　　　　㊊

「お金の使い方」から話が広がったら
そんな話題をメモしておくと
to doっぽくなく、続けていけます。

ワーク あなたのおこづかい帳

1週間ごとに、使ったお金を計算して記録しておきましょう。

【　　月　　第　　週】

レシート貼りつけ欄	覚書

日・曜日	食事	文房具	書籍	その他	精算合計			こづかい合計	家事分担
／									
／									
／									
／									
／									
／									
／									
合　計									

20 「お金は有限」を実感する

　自分のお金の使い方を把握する習慣が身についてきたら、第2段階の「お金をどう使うか？」を学んでみましょう。お金には限りがあることを知り、お金をムダなく使うには計画が必要なことを実感することがポイントです。

　中学1年生のユウトくんの家では、お金の使い方を体験するために、お年玉の半分は自由に使ってよいことにしました。残りの半分は大人と一緒にATMに行き、入金方法を教えてもらって貯金しました。

　「自分の好きなものを買ってよい」と言われたユウトくんは、毎日、ジュースとお菓子を買っていました。その結果、お金はあっという間になくなり、友だちと映画に行く交通費やチケット代などがなくなっていました。

家庭内アルバイトでお金をゲット

　ユウトくんの家では、勉強に必要な文房具屋や参考書、交通費などの必要経費は家のお金から出しますが、友だちと遊ぶお金は、「自分で稼ぐ」というルールになっています。

　お手伝いを「家庭内バイト」と呼んで、手伝いをするとお金をもらえる決まりです。毎週、お手伝いの担当を決め、お手伝いをきちんとすれば、毎月1000円前後の「稼ぎ」を得ることができます（58ページ参照）。

　お金に余裕があるうちはまったく家庭内バイトをしなかったユウトくんも、友だちと映画に行きたいがために、せっせと家庭内バイトにはげみました。

　「お金を管理しましょう」という教えられるよりも、**「友だちと映画に行くのにお金がない」という強い危機感の方が、「お金の勉強」の自覚をうながしたようです。**

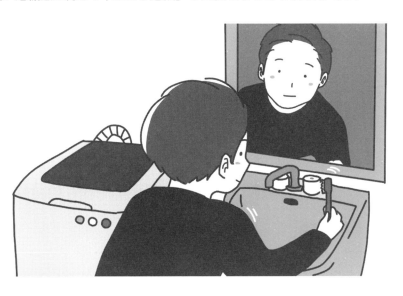

ワーク 家庭内バイトの料金表（例）

■洗面所

		金額（円）
1	窓のホコリをはらう	
2	窓の「さん」をふく	
3	洗面所の小物を台所で洗う	100
4	洗面台を洗う。細かい部分は歯ブラシで	
5	排水溝を歯ブラシで洗う。金具を念入りに！	100
6	鏡をスポンジで洗い、リムーバーをかけぞうきんで磨く	
7	床をぞうきんでふく	100
	合　計	300

■トイレそうじ

		金額（円）
1	窓のホコリをはらう	
2	窓の「さん」をふく	
3	タオルで「便器」と「床」以外を拭く	100
4	便座の裏表をトイレットペーパーにアルカリ液で拭く	
5	便座の中を洗う。便座の溝は歯ブラシを使う	100
6	床をぞうきんでふき上げる	
7	新しいタオルをセットする	100
	合　計	300

■お風呂そうじ

		金額（円）
1	窓のホコリをはらう	
2	窓の「さん」をふく	
3	蓋の表裏をぞうきんでふく	100
4	湯船をスポンジで洗う	
5	湯船の「ふち」と「外側」をスポンジで洗う	
6	お湯が出るところは金具を外し、歯ブラシで洗う	
7	栓のまわりを歯ブラシであらう。金具はスポンジで	100
8	床と壁に水をかけ、洗剤を吹きつけ、タワシで洗う	
9	白い棚と石けん置きをスポンジで洗う	
10	いす、洗面器、湯おけを洗う	100
11	ドアの内側に水をかけ、洗剤を吹きつけ、スポンジで洗う	
12	ドアの「さん」をブラシで洗う	
13	ドアの外側（洗面所側）は、ぞうきんでふく	100
14	小物類をぞうきんでふく。必要があれば洗う	
15	排水溝を歯ブラシやボロ布で洗う	
16	排水溝にパイプ用洗剤を流し込む	100
	合　計	500

■その他リビングのそうじ

		金額（円）
1	猫のトイレを水洗いする（猫砂を全部取り換え）	200
2	鍋みがき　1個	500
3	夕飯の買いもの ・メニュー決め ・買いもの ・冷蔵庫に入れる	500
4	洗濯セット ・洗う ・干す ・取り込む ・たたむ ・しまう	200
5	料理セット ・調理、もりつけ ・配ぜん ・後片づけ（下げ） ・洗いもの	500
6	リビングにそうじ機をかける	100
7	寝室にそうじ機をかける	100
8	階段にそうじ機をかける	100
9	仕事部屋にそうじ機をかける	100

21　計画的にお金を使おう

「自分のお金の流れを把握」でき（54ページ）、「お金を好きなだけ使っていたら足りなくなってしまう」という体感を得たら（57ページ）、第3段階として、**予算を立て、計画的にお金を使う**ことに挑戦します。

次ページの【1カ月の予算表】のように1カ月単位で考えます。

①週の予定と「かかるお金」を書き出します。

②必要経費で精算できるものは黄色、自分のお金で支払わなければいけないものは緑で色づけをします。

③「今月、自分のお金の動きは、こんな感じなんだな」とお金の流れの全体を把握します。

⏻ポイント

①「予算は立てたものの、**計画通りにはいかない」ことを前提**にします。最初からうまくいくことはありません。途中でお金が足りなくなり家庭内バイトをやったり、友だちと急に遊びに行くことになる日があったり……。こういったお金にまつわるトライ＆エラーの経験値を上げることが、その後のライフステージで活きてきます。

②「**自分のお金への興味**」を見つけることがポイントです。「トライ＆エラー」という経験値や親子の対話を通じて、「**お金の興味**」を見つけ、お金とつき合う方法を学んでいきます。

③「お金のことを表立って話すのははしたない」という価値観もありますが、お金との付き合いは一生続きます。子どもを将来の金銭トラブルから守るためにも、家族のお金の失敗談、お金に対して自分が今まで学んできたことなども話題にしてみましょう。お金について親子でフランクに話し合える雰囲気が一番大切です。

ワーク 1カ月の予算表

【2019年5月】

日付	曜日	予定	日付	曜日	予定
1	水		8	水	
2	木		9	木	
3	金		10	金	
4	土	ゆうやくんと映画 2,000円	11	土	
5	日		12	日	
6	月		13	月	
7	火		14	火	

日付	曜日	予定	日付	曜日	予定
15	水		22	水	
16	木		23	木	
17	金		24	金	
18	土		25	土	
19	日		26	日	かつしくんとボウリング 1,500円
20	月		27	月	
21	火		28	火	

日付	曜日	予定
29	水	
30	木	
31	金	

ポイント
予算は、「7日×5週間」で立てること。最終週はMAX 3日なので、帳尻を合わせやすい。

覚　書

　　5月は3,500円の支出
　　家庭内バイト　　　1,500円
　　お年玉から　　　　2,000円

予定を書き出し、そのためのお金をどうするのか予算を立てる。

22 「予定は未定」と割り切る気持ち

　楽しみにしていた遠足が雨で中止になったり、友だちとライブにいく予定が台風で中止になったり、思い通りにいかないことがよくあります。

　急な予定の変更は、日常的にあることです。野外でバーベキューをするときなどは、晴れの日の計画と雨の日の計画を2パターンつくっておくと、当日雨でも、雨の日のイベントを楽しもうとプラスに考えられるようになるでしょう。

　いつでも予定どおりにいくわけではないことを覚悟した上で、他の選択肢を予定しておくと、気持ちが楽になります。「予定は未定」と割り切って、そのときどきの状況を受け入れていくことがとても大切です。

　とくに、地震や火事、水害などがあったときのことをたまに考えておくと、実際に災害が起こったときに、より落ち着いて行動することができます（110ページ参照）。

　サクラさんは、前に予定していたキャンプが雨で中止になってがっかりし、1日落ち込んでしまいました。

　またこの次に家族でキャンプに行くことにしたので、2パターンの予定を立てて考えることにしました。

ワーク 2パターン予定表

キャンプは雨だと中止なので、サクラさんは2つのパターンで予定を立てました。

時刻	晴れの日の予定 ☀	雨の日の予定 ☂
午前0:00		
1:00		
2:00		
3:00		
4:00		
5:00		
6:00	起床 朝食	
7:00	出発	
8:00		起床 朝食
9:00		
10:00	キャンプ場到着 魚釣り	
11:00	昼食の準備	キャンプ用の具材で昼食づくり
12:00	昼食	昼食
午後1:00	後片づけ	後片づけ
2:00		出発
3:00	散策・写真	映画館到着
4:00		
5:00		映画館出発
6:00		
7:00	キャンプ場出発	帰宅
8:00	帰宅	
9:00		
10:00		
11:00		
12:00		

ワーク　あなたの2パターン予定表

天気だけでなく、別の条件でも OK です。おなじ日の2パターンの予定を立てましょう。

時刻	パターン1	パターン2
午前 0:00		
1:00		
2:00		
3:00		
4:00		
5:00		
6:00		
7:00		
8:00		
9:00		
10:00		
11:00		
12:00		
午後 1:00		
2:00		
3:00		
4:00		
5:00		
6:00		
7:00		
8:00		
9:00		
10:00		
11:00		
12:00		

23　予定通りにいかないときは？

　想定通りにいかないこともあるということを事前に予測しておき、予定が変更になったときに、他の方法を考えて行動することが、とても大切です。

　予定通りにいかないと、びっくりして心臓がドキドキして頭が真っ白になると思います。**そんなときは深呼吸をしてみましょう**（84ページ参考）。

　たとえば、家でサンドイッチをつくろうとスーパーに行ったのにお休みだったり、予定より値段が高くてお金が足りないとき、あなたならどうしますか？　予定を変更しなければならないときのことを考えて、ワークの表に書き入れてみましょう。

　予定外のことがよい方に起きることもあります。もしかしたら特売で材料が安く買えて、あまったお金でアイスを買うことができるかもしれません。

🍓 サクラさんの予想外

①買い物に出かけたらスーパーがお休みだった

予定変更したこと

家にあるものでつくった
- ハムがなかった　➡ツナ缶があったので、ツナサンドイッチにする
- サンドイッチ用のパンがなかった　➡朝のパンが残っていたので、ロールパンでつくる

②予想より金額が高くて、お金が足りなかった

予定変更したこと

何を買って何を買わないかを決めた
- トマトかきゅうり、どちらかだけにする
    - ➡トマトは赤くてきれいなので、色合いを考えてトマトにする
    - ➡トマトが高かったので、きゅうりを買う
- サンドイッチ用のパンは買わないで、家にあるパンを使う

ワーク 予定変更記録シート

①あなたは今までに、思い通りにいかなかったことがありますか?
これまでに予定を変更した経験を思い出して書いてみましょう。

．．

．．

②そのときどんな気持ちになりましたか?

．．

> あせったり、不安になったり、イライラしたりしたかもしれません。そんなときは84ページにあるカームダウンをやってみましょう。

③どのように変更しましたか? もしくは、どのように変更すればよかったと思いますか?

．．

．．

> 日本は台風や地震など災害の多い国です。急な変更があったり、思い通りにならなかったり、必要なものがないこともあるでしょう。そんなときも落ち着いて臨機応変に行動しましょう。

24　話し合いのコツを学ぼう

　みんなで話しても家族旅行の行き先が決まらない。クラスのイベントが決まらない。こんなとき、どんな話し合いをしているかふり返ってみましょう。自分がやりたいと思ったことが反対されると、悲しくなったり、ムカムカと怒りがわいてきたりすることがあります。意見がまとまる話し合いのコツをご紹介しましょう。

①いろいろな意見を出し合う

　まず、自分の思っていることや気持ちを**お互いに言います。よい、悪いは決めないで話し合います。**思っていることを言葉にして伝えることは、話し合いの大切な基本です。

　なかなか自分の意見が言えない人は、否定されるのが不安なことが多いので、とくに「**どんな意見を言ってもよい**」という雰囲気づくりが大切です。**批判をしたり第三者が意見をするのは控えます。**言葉で伝えるのが苦手なばあいは、紙などに書き出すというのもよいでしょう。

②お互いの意見を検討する

　それぞれの意見が**事実に基づいているか確認**しましょう。そしてそれぞれの意見の**よい点と悪い点を出し合い**ましょう。

　よくわからないことは質問し合うことも大切です。自分の意見に対して反対意見を言われても、**あなた自身を否定しているわけではありません。**「意見がおなじではなかった」というだけです。きらわれたと短絡的に考えず、あくまで意見のちがいであることを忘れないようにしましょう。

③一度決めたら実行しよう

　2人の意見が一致しないとき、**両方の意見のよいところをくっつけて、別の選択肢を考える**こともできます。また、自分の意見が100％通らなくても、それにこだわらず、一度決めたらルールとして実行しましょう。この**気持ちの切り替えがポイント**です。

ワーク スマホがほしいショウくん

高1のショウくんは、中1のとき、スマートフォンがほしいと思っていました。家族に伝えたところ、お母さんは猛反対で、お父さんはどちらでもいいと言っていました。そのときの話し合いを紹介します。

ショウくんがスマートフォンがほしい理由
・みんなもっているからほしい
・ゲームがやりたい

ゾーニング
暴力、性的描写、グロテスクな描写があるものについて、閲覧を制限する意味で使われる。

①いろいろな意見を出す

●お母さんが反対する理由
・お金がかかる
・ゲームで宿題の時間がなくなったり、寝る時間が遅くなったりする
・YouTubeなどでゾーニング*されていない動画を自由に見てしまう

●お父さんがどちらでもいい理由
・スマートフォンの操作感に慣れておくのは悪くない
・みんなが持っていると、持っていない子は浮いてしまうのではないか
・ショウの性格を考えると使いすぎる心配はない

②検討

●確認したこと
・「みんな持っている」は事実ではない。持っていたのは30人のクラスの中で3人
・ゲームはスマートフォンがなくてもできる（ゲーム用ハードが家に2台ある）
・今もゲームが原因で寝る時間が遅くなりがちなので、ゲームの時間が守れるようになったら買うことを検討する

●結論
・ショウくんの理由ではまだ基本的に必要ない。
いつになったらスマートフォンを買うか相談し、高校入試に合格したら買うことになった

ショウ君は高校に合格しスマートフォンを買ってもらいました。中1のときは買ってくれない親に怒りを覚えたこともありますが、スマートフォンのゲームをやりすぎて、課金のトラブルを起こした人や、受験勉強に集中できず、志望の高校に入れなかった人もいるので、いまではあのとき話し合って買わないことにしてよかったと思っています。塾や部活などをやめるか続けるか悩むときにもいろいろな人に相談してみましょう。

ワーク ＿＿＿＿＿＿について話し合う

１つのテーマについて、クラスや家族で話し合って、ふり返るときに使おう。

話し合いのテーマ

---

①いろいろな意見

●自分の意見

●その理由
-
-
-

他の人はどう思いますか？

●（　　　　）の意見

●その理由
-
-
-

他の人はどう思いますか？

②検討

●話し合って、確認したこと

　……

　……

●みんなで決めたこと

25　何かがないときはどうする?

　うっかり忘れものをして、予定したものがないということはよくあることです。そんなときはついあせってしまいますね。
　そんなとき、まずはあわてずお水を飲んで、深呼吸をしましょう。**気分が落ち着いたらどうしたらよいか考えましょう。**

① 他の人に借りる
　まずだれかに借りられないか、考えてみましょう。まわりの人が持っていて、借りられるかもしれません。

②別のもので間に合わせる
　何かがなかったとき、あわてず代わりになるものを探すというのは、大変貴重な力です。何かを実行するときに、トラブルはつきものです。柔軟に考える力をつけましょう。また、台風や地震などの災害のときも、代用品を考えることがとても重要です。
　アポロ13号という宇宙船が月面着陸に成功した後、地球に帰ってくるときに宇宙船の部品が故障するというトラブルがありました。こわれた部品を届けてもらうことはできませんので、宇宙船の中にあるもので間に合わせるしかありません。この危機に直面したとき、宇宙飛行士は地上と交信しながら宇宙船の中にあったもので故障した部品を動かし、無事生還することができたのです。

③予定を変更する
　キムチ鍋をつくろうと思っていたのに、キムチを買い忘れてしまったというばあい、あなただったらどうしますか?
　「絶対にキムチ鍋じゃないとだめ!」と思ってもう一度買い物に行きますか? それともメニューを変更して、家にあるもので別のお鍋ができないか考えますか? キムチ鍋を食べることが目的ではなく、みんなで楽しく食事をすることが一番なら、トマト鍋やカレー鍋、水炊きもよいかもしれません。

ワーク あなたの臨機応変度チェック

代わりのもの（代用品）を見つける練習をしてみましょう。身近にあるもので間に合わせる工夫はたくさんあります。

- お皿がない ➡ 紙箱や缶の箱にラップをかけて使う
- コップがない ➡ ペットボトルを活用する
- いすがない ➡ ダンボールを使う
- 毛布がない ➡ 新聞紙を重ねて使う
- おさいふを忘れたことに気がついた
  - ➡ ICカードを払い戻して現金にした
- 鼻水が出た ➡ ティッシュがないのでハンカチでふいた
- 体育館でイベントがあるときに上履きを忘れてしまった
  - ➡ スリッパを借りた
  - ➡ 外履きの底をきれいに洗って履いた
- キャンプでカレー粉を忘れてしまった
  - ➡ 他のグループから少し分けてもらってカレースープにした
  - ➡ 塩こしょうだけで味つけしてポトフにした

忘れたもの	代用品	助けを求める相手
お金を忘れた		
国語のノート		
赤エンピツ		
お弁当のお箸		
体操着		

26 ワーキングメモリをチェックする

　ワーキングメモリは日本語で「作業記憶」と呼ばれています。文字通り、**これからやる作業の内容を一時的に頭の中に留めておく記憶**です。

　たとえば、親や先生の指示通りに行動するためには、**その指示を正確に、作業を終えるまで覚えておく**必要があります。作業記憶が弱いと作業の内容を覚えていられないので、作業に取り掛かることができなかったり、作業を完成させることができません。

　「怠けている」「だめな子」というレッテルが貼られてしまうことがありますが、ワーキングメモリが少し弱いだけなので、工夫次第で失敗を防ぐことができます。

ワーク　困っていることチェックシート

1から5の5段階で○をつけてみましょう。5が困っているレベルが最大です。

できる ←　　　　　　　　　　　→ むずかしい

	1	2	3	4	5
① 指示をされたら、指示通りにやる					
② 同時に2つ以上のことをする					
③ やることをいくつか覚えておく					
④ 話しながら、相手の状況や意図を同時に考える					
⑤ 他のことを考えながら行動する					
⑥ 持ちものを忘れない					
⑦ 何がどこにあるかわかる					
⑧ 板書を正確に写す					
⑨ 会話をしているときに関係することを話す					
⑩ 文章問題を解く					

ワーク 言語性作業記憶チェックシート
（作業を実行するために言葉の情報を覚えておく）

作業記憶には、「言語性」と「視空間性」の2種類があります。どちらか1つが苦手な人、2つとも苦手な人もいます。2つの種類に分けてチェックし、対処法を考えましょう。

1から5段階でチェックしてみましょう。5が困っているレベルが最大です。

できる ←————————→ むずかしい

項目	1　2　3　4　5
① 3人以上で話し合いをする	1　2　3　4　5
② 作文やレポートを書く	1　2　3　4　5
③ 文章を読解する	1　2　3　4　5
④ 文章問題を解く	1　2　3　4　5
⑤ 言われたことをすぐに、指示通りにやる	1　2　3　4　5
⑥ 順序立てて話す	1　2　3　4　5

対処法
- やることリストをつくり、確認するようにしましょう
- やることをやる順に書き出しましょう
- メモを取る習慣をつけましょう
- スマートフォンやICレコーダーなどの機器に録音をしておきましょう
- 長文読解のときは、キーワードにマーカーをつけたり、赤エンピツで丸を描いたりしましょう

ワーク 視空間性作業記憶チェックシート
（作業を実行するために目で見た情報や空間の情報を覚えておく）

1から5段階でチェックしてください。5が困っているレベルが最大です。

できる ← → むずかしい

項目	1	2	3	4	5
① ダンスなどの動作を覚える	1	2	3	4	5
② 料理など、複数の作業を並行して行う	1	2	3	4	5
③ マニュアルなどを読みながら作業をする	1	2	3	4	5
④ 図などを正確に書き写す	1	2	3	4	5
⑤ ものを置いた場所を覚えておく	1	2	3	4	5
⑥ 探しものがどこにあるかわかる	1	2	3	4	5

対処法
- 1つずつ見ながらやるようにしましょう
- マニュアルを自分で読むより直接説明してもらいましょう
- 覚えられない動作はビデオに撮って繰り返し見ておこないましょう
- ものを無意識に置いてしまうことがあるので、置き場所を決めておきましょう

- 日常で困っていること……………………………… ／50
- 言語性作業記憶……………………………………… ／30
- 視空間性作業記憶…………………………………… ／30

27 うっかり忘れはありませんか

　サクラさんは家で、友だちの誕生日カードを書いていました。カードを書いているときに、お母さんから「出かけるから、塾に行く前に洗濯物を取り込んでね。このはがきをポストに投函しておいてね」とはがきを手渡されました。

　「うん」と返事をして、夢中になってカードを書いていると、塾に行く時間になっていたのであわてて飛び出しました。

　家に帰ると、「洗濯物取り込んでなかったでしょ！　玄関のカギもかかっていなかったわ」とお母さんに叱られました。言われてから洗濯物のことを思い出しましたが、はがきをカバンに入れたことは忘れてしまいました。

　サクラさんのように、夢中になっているときに用事を頼まれても、思い出して行動するのが苦手な人がいます。

　うっかり忘れが続くと、いつも約束をやぶる人と勘ちがいされてしまいます。

ワーク 忘れないオリジナルの工夫

■サクラさんは何を忘れたのか、書き出してみましょう。

....
....

■どうやったらうっかり忘れが減るか、あなたがアドバイスするとしたら、何と言いますか?

....
....
....

■どうしたらよいか対策を考えてみましょう。

●メモに書いて靴に入れておく

●メモに書いてよく見えるところに貼る

●水性ペンで手に書いておく

●その時間に思い出せるようにアラームをセットする

●家族や友だちに教えてもらうように頼む

28　カレンダーとリマインダーの活用

　1週間の間にいろいろな予定が入っています。曜日で決まっている予定もあれば、急に入った約束や用事もあるかもしれません。覚えておこうと思っても、予定が多くなると忘れてしまいます。家族と相談して、予定表をつくってみましょう。だんだんと自分ひとりでも予定を管理できるように工夫しましょう。

　ショウくんは1週間の予定を下のカレンダーに記入しました。

- 塾：火曜日と木曜日　7時から2時間
- 部活：月曜日と水曜日と金曜日　4時から6時
- 美術の時間に絵の具を持っていく：木曜日1時間目
- 漢字テスト：金曜日1時間目（テキストの50ページから52ページ）
- 友だちと鉄道博物館に行く：日曜日9時に駅に集合

月 (Mon)	火 (Tue)	水 (Wed)	木 (Thu)	金 (Fri)	土 (Sat)	日 (Sun)
㊙ 16:00～18:00	塾19:00～21:00塾	㊙ 16:00～18:00	絵の具 塾19:00～21:00	㊙ 16:00～18:00 漢字テスト 50～52ページ		9:00駅 ○○くん

　このように、カレンダーや手帳に書くときは、自分がわかる略語やマークを使って、時間と一緒に記入します。ショウくんは書くだけよりも、いろいろな工夫があったら忘れないかもしれない、と考えて実践してみることにしました。

💡ショウくんの工夫

①大切なことは忘れないように、紙に書いてドアに貼っておいたり、翌日履く靴の中に入れています。

②家族で使っている共通カレンダーに書いておけば、お母さんからも教えてもらうことができます。

③ショウくんはスマートフォンを買ってもらったので、カレンダーのアプリを使って予定を記入することにしました。設定した時間にリマインド（確認）のメールが送られてきて、とても便利です。

　1つひとつの予定を忘れないように、ショウくんができそうな工夫を他にも思いついたら書いてみましょう。

ワーク　1カ月のスケジュール

あなたの予定を書き出してみましょう。プライベートと学校・アルバイトで色分けしてもよいですね。小さなハンコ、マスキングテープを使って飾ってもOKです。お気に入りの筆記用具で書いて楽しくなるように工夫しましょう。

月 (Mon)	火 (Tue)	水 (Wed)	木 (Thu)	金 (Fri)	土 (Sat)	日 (Sun)
日	日	日	日	日	日	日
日	日	日	日	日	日	日
日	日	日	日	日	日	日
日	日	日	日	日	日	日
日	日	日	日	日	日	日

💡 書き方の工夫

- 毎週ある予定や習慣は○で囲んでわかりやすくする
- 時間の流れにそって午前を先に、午後の予定を後に書く
- 持ちものやテスト範囲は具体的に
- パッと見てわかるように絵文字を書く（ など）
- シールを使ってにぎやかにしてもよいでしょう

29　集中タイムを探してみよう

　ショウくんは、夜しずかになってから勉強するのが一番はかどります。得意な教科だと1時間ぐらい集中して勉強することができます。でも、たくさん食べ過ぎた後は眠くなってしまうので、ちょっとベッドに横になるつもりだったのに、気がついたら眠ってしまったということがあります。
　お母さんが「朝早起きして、太陽の日差しの中で勉強するといい」と言いますが、朝は起きられないし、まぶしすぎるので、自分には合わないなと思っています。

ショウくんが集中できるのは

- ●時間帯……朝　＜　夜
- ●教科………苦手な教科　＜　得意な教科
- ●明るさ……まぶしい（日光）　＜　適度な明るさ

自分なりの集中タイム

　親や先生に時間帯ややり方をアドバイスされることもありますが、人によって集中できる環境はさまざまです。**どんな条件がそろっていれば、自分が集中できるのか知っておく**ことはとても大切です。
　眠くても最後までやりたいと思う人もいるかもしれません。逆に、疲れたときは早く眠って、翌朝早起きしてやる方がよい人もいるでしょう。
　時間がなく切羽詰まったときの方が集中するという人もいるかもしれません。それで間に合えばOKですが、遅刻をしたり、**いつも全部できないならば、ちがう方法を考えましょう**。

ワーク 集中できるときチェックリスト

下のリストをチェックして、自分がどんなときに集中できるか考えてみましょう。
　先生の話の内容を理解するときや、何かを暗記するときなど、勉強の内容によっても条件がちがうかもしれません。できるだけ細かく見つけられると、より有効です。

〈時間帯〉

できる ←――――――→ できない

朝	1　2　3　4　5
朝食前	1　2　3　4　5
おやつ前	1　2　3　4　5
おやつ後	1　2　3　4　5
運動後	1　2　3　4　5
夕食前	1　2　3　4　5
夕食後	1　2　3　4　5
夜	1　2　3　4　5

〈課題の量・難易度〉

量が多いとき	1　2　3　4　5
量が少ないとき	1　2　3　4　5
課題がむずかしいとき	1　2　3　4　5
課題がちょうどよいとき	1　2　3　4　5
課題が簡単なとき	1　2　3　4　5
ひとりでやるとき	1　2　3　4　5

	できる ←―――――――――→ できない
友だちと一緒のとき	1　2　3　4　5
勉強や仕事をしている人がたくさんいる所	1　2　3　4　5
しずかな所	1　2　3　4　5
体を動かしながら	1　2　3　4　5
音楽を聴きながら	1　2　3　4　5
時間がないとき	1　2　3　4　5
時間があるとき	1　2　3　4　5

〈明るさ〉

少し暗い所	1　2　3　4　5
太陽の日差しが入る場所	1　2　3　4　5

〈場所〉

図書館	1　2　3　4　5
ファミレス	1　2　3　4　5
カフェ	1　2　3　4　5
家	1　2　3　4　5
学校	1　2　3　4　5

> 集中するために、これから工夫できそうなことはなんですか？家族や友だちとも話し合ってみよう。

30 目標時間を明確にしよう

　宿題や片づけなどを終わらせるためには、やる気スイッチが入ってから、**気をそらさずに最後まで集中すること**が大切です。途中で「ちょっとだけ休憩」と思っても、それがとても長くなってしまい、やるべきことが終わらないときもあるでしょう。

時間を区切る方法

　そのときに大切なのは、時間を区切って「●時までテレビを見る」「●時から宿題をして何分で終わらせる」という**目標をつくる**ことです。休憩も、やるべきことにも、目標があった方が集中力は高まります。

かかる時間の見積もり

　その前段階としてやっておくとよいのが、どれぐらいの時間でできるか見積もっておくことです。かかる時間を予想した後、実際にやってくらべてみましょう。**かかる時間を知る**ことは、時間感覚を高めるうえで**基礎になります。**

集中できる時間を知る

　集中できる時間は人によってちがうので、自分の集中できる時間を予想して、実験してみましょう。

　目標時間を設定して、**タイマーなどを使って、時間内にできるように集中する工夫**をしてみましょう。

　ユウトくんは、宿題を30分間でやることにしました。「これが終わったらテレビを見る」と決めたら、集中することができました。

　テレビを見るときもCMの時間が意外と長くて有効に使えそうだと気づいたので、CMのタイミングごとに、

・**リビングに置きっぱなしにしたものを自分の部屋に持っていく**
・**机の上を片づける**
・**カバンの中に入っているゴミを出す**

ということをゲーム感覚でやると、スムーズにできました。

ワーク 時間を見積もろう

やると決めたこと、それにかかる時間（予想と実際）を記録しましょう。実際の時間が何倍もかかってしまったときは、そうなった理由を考えてみましょう。

やること	目標時間	実際の時間	集中できなかったときの理由
机の上の整理	5分	20分	宅配便が来て荷物を開けて見ていたら、机の上を片づけていることを忘れてしまった
宿題	30分	1時間	途中でちょっとだけゲームをやろうと思ったら、30分もやってしまった

💡 集中するために工夫したこと

① キッチンタイマーを活用し、ポケットに入れて時間をいつも把握する

② 時間を設定して時間内にできるかゲーム感覚でやってみる

③ 勉強中はゲームを親に渡す

④ 終わった後に、楽しいことが待っているとイメージする

ワーク 時間の見積もりと工夫

　やると決めたこと、それにかかる時間（目標と実際）を記録しましょう。実際の時間が何倍もかかってしまったときは、そうなった理由を考えてみましょう。

やること	目標時間	実際の時間	集中できなかったときの理由

　集中するための工夫を下に例としてあげました。効果があるかどうか試してみてください。また、あなたのオリジナルな工夫も考えてみましょう。

💡 集中するためのアイディア

① **タイマーをつける**
1. 効果がある　2. やっているけど効果がない　3. やっていない　4. やりたいと思う

② **「やることリスト」を見えるところに貼っておく**
1. 効果がある　2. やっているけど効果がない　3. やっていない　4. やりたいと思う

③ **気が散らないようにうるさいと思ったら耳栓をする**
1. 効果がある　2. やっているけど効果がない　3. やっていない　4. やりたいと思う

④ **宿題のときはゲームは親に渡しておく**
1. 効果がある　2. やっているけど効果がない　3. やっていない　4. やりたいと思う

⑤ （　　　　　　　　　　　　　　　　　）
1. 効果がある　2. やっているけど効果がない　3. やっていない　4. やりたいと思う

31 イライラ・ドキドキをカームダウンしよう

あなたは宿題をやるときに消しゴムが見つからなかったり、わからないことが出てきたりすると、イライラしませんか？

また、テストの前など、よい点が取れるか不安で、夜眠れないということはありませんか？

イライラもドキドキも、長時間続くと集中力が途切れる原因になります。 計画通りにいろいろなことができないと、気持ちが不安定になるものです。そんなときは、**カームダウン（落ち着く、しずめるという意味の英語）する必要**があります。

深呼吸をしよう

イライラしたり、不安なことがあったときには、心臓がドキドキしたり、心配になったり、やる気がなくなってしまうことがあります。そんなときは、まずは、お水を飲んで、「フー」と言いながら息を吐き、大きく深呼吸をしましょう。**深呼吸は6秒息を吐いて、4秒吸う方法が効果的です。**

4秒吸って6秒吐くを繰り返し、だいたい3分ぐらいやってみましょう。かなりカームダウンできます。

自分の好きな香りをかぎながらやってもよいでしょう。フーッと吐き出すときに、いやなことが全部、体の中から出ていくようなイメージでおこなうとスッキリします。ため息も大切な深呼吸です。

> 過呼吸といって、息ができないような状態になりやすい人は、ふーっと息を吐いてから息を吸うようにします。

ストレッチをしよう

勉強やゲームをずっとおなじ姿勢でやっていると体が疲れてきます。30分勉強したら5分ストレッチというように、時間を決めてするとよいでしょう。

ワーク　イライラ・不安の原因探し

この本に出てくる3人のイライラ、不安をふり返り、分析してみました。カームダウンの方法もそれぞれちがいます。

■イライラ

	いつ	どこで	カームダウンの方法
サクラさん	昨日	家で、部屋をいつも片づけてないと言われた	お気に入りのタオルやぬいぐるみを触る
ユウトくん	放課後	部活で先輩にいやなことを言われた	お母さんに話を聞いてもらう
ショウくん	今朝	通学中の電車で人にぶつかって舌うちされた	電車を降りたり、車両を移って深呼吸する

■不安

	いつ	どこで	カームダウンの方法
サクラさん	明日	学校で大事な発表がある	ゆっくりお風呂に入り、「大丈夫」と自分に言う
ユウトくん	週末	大会で結果を出す必要がある	当日、好きな音楽を聴く
ショウくん	週末	友だちと他県へ遠出する	（時間を決めて）ゲームをする

ワーク あなたのカームダウン探し

あなたが最近イライラしたことと、少し不安だなと思ったことについて、考えてみましょう。原因がわかったら、あなたに合ったカームダウンの方法を探してみてください。

■イライラ

いつ	原因	カームダウンの方法

■不安

いつ	原因	カームダウンの方法

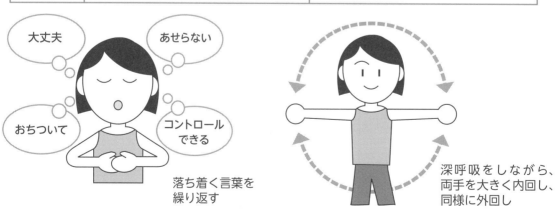

32　リラックスタイムをしっかりとろう

　計画を立て、タイマーをセットして作業をする。こうした練習を続けていると、とても疲れるかもしれません。集中して一生懸命作業をすることはもちろん大切ですが、集中するためには、ぼーっとする時間も大切です。

　集中して作業をしなければならないときのために、リラックスタイムをしっかりとりましょう。日ごろから、50分勉強したら10分休憩するなど、休憩時間をとる習慣をつくるといいですね。

　休憩時間をどれくらいの頻度でとるか、どれくらいの時間休憩するのがちょうどよいかは、個人差があります。いろいろ試してみましょう。

休みの午前中はぼーっとしてもOK

　休日の午前中は、何も予定を入れずにリラックス、というのもいいかもしれません。何も考えないでぼーっとしていることをムダと考える人もいますが、**エネルギーを蓄えている時間**と考えてみましょう。空想の世界に入るということはある意味、クリエイティブな世界に入っているということになります。よいアイデアが浮かんでくるかもしれません。

上手にぼーっとする方法

　注意したいのは、ぼーっとしているときは、**考えても変わらないことやいやなことを考えない**ことです。いやなできごとを繰り返し思い出すと、体はストレス反応を起こしています。あなたに合った方法で上手にリラックスして、脳を休ませてください。よい睡眠をとることが一番のおすすめです（14ページ参照）。

　ゲームも短時間であれば、爽快な気分になることがあります。ただ、時間に気づかずに長時間やってしまうと、気分はハイになっても、脳が疲れるので気をつけましょう。

　次のページに、リラックスするおすすめの方法を紹介しています。まだやったことがないものがあったら、試してみましょう。

ワーク　リラックスできるものは？

下の11個を試して、効果をチェックしてみてください。

森林浴	リモネンという物質が木々から出ているので、リラックス効果があります まったく効果なし 1　2　3　4　5 とても効果あり
空や海を見る	さざ波の音はリラックス効果があると言われています まったく効果なし 1　2　3　4　5 とても効果あり
好きな音楽を聴く	バロック音楽など1分間に60テンポのものがリラックスすると言われています まったく効果なし 1　2　3　4　5 とても効果あり
お風呂にゆっくり入る	ぬるめのお風呂で半身浴などしてみましょう。40度より低いとリラックスできます まったく効果なし 1　2　3　4　5 とても効果あり
運動	長時間座っていると筋肉が固まってしまいます。ほぐしてあげましょう。ラジオ体操でもよいので体を動かすようにしましょう まったく効果なし 1　2　3　4　5 とても効果あり
ペットと遊ぶ	お気に入りのペットはあなたを癒してくれるでしょう まったく効果なし 1　2　3　4　5 とても効果あり
散歩	歩くだけでも気分がすっきりします。とくに1秒間に1、2というスピードで歩くと心が落ち着く物質が体の中に作られます まったく効果なし 1　2　3　4　5 とても効果あり
ジョギング	ランナーズハイと言って、走り続けると気分がよくなる人がいます まったく効果なし 1　2　3　4　5 とても効果あり
ストレッチ	血流がよくなるのでおすすめです まったく効果なし 1　2　3　4　5 とても効果あり
話を聞いてもらう	話をゆっくり聞いてもらうだけでも心が落ち着いてくるばあいがあります まったく効果なし 1　2　3　4　5 とても効果あり
日記を自分の気持ちを書く	自分の気持ちを書き出すだけでカームダウンでき、リラックスできることがわかっています まったく効果なし 1　2　3　4　5 とても効果あり

33 やめるスイッチ2つの入れ方

　やる気スイッチをONにして集中することも大切ですが、おなじくらい重要なのが、やめなければいけないとき、**やり続けたい気持ちを切り替えて、やめる工夫**です。

　友だちと約束した時間になってもゲームをしていたら、遅刻してしまいます。友だちはやってこないあなたに腹を立てて、もう誘ってくれないかもしれません。友だちとの約束の時間を守るか、ゲームを続けるか決めなければなりません。

①眠る時間だけれどゲームを続けたい➡でも続けてしまうと、翌朝早く起きられない
②テレビをずっと見ていたい➡見ていると宿題をやる時間がなくなってしまう
③ジュースを毎日飲みたい➡飲み過ぎるとお腹が痛くなる

　上の①から③のようなことは、よくあることです。楽しいからといって続けていると、生活に支障をきたすばあいがあります。**やめるスイッチを入れることが重要**になります。

⏻ やめるスイッチの入れ方

　やめることで、**楽しいことを続けるよりもっとよいことがあるばあい**もあります。たとえば、
①ゲームをもっとやりたい　➡　早めにやめて眠ると、朝起きたときすっきりする
②テレビをもっと見たい　➡　やめて勉強すると、テストでよい点がとれて気分がよくなる
③おこづかいで毎日ジュースを買いたい　➡　買うのをやめたらお金がたまって、ほしかったゲームが買える

　このように今やりたいことをやめると、後でもっとよいことがあることがわかると、やめるスイッチの入れ方が見つかります。

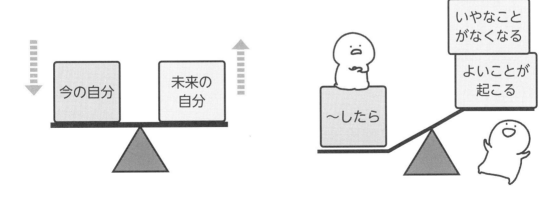

ワーク あなたのやめるスイッチ

　あなたもやり続けたいことがたくさんあると思います。一つひとつ、途中でやめられたら、どんなもっとよいことがあるか、どんないやなことが避けられるかを考えて、やめるスイッチを入れるようにしましょう。未来の自分がハッピーになることを今、やりましょう。
　動機づけは強い方が効果的なので、いつも2つのやり方をセットで想像しましょう。

---

① ＿＿＿＿＿＿＿＿＿＿（好きなもの）を食べ続けるのをやめたら

　↳　1（未来のいやな状況：　　　　　　　　　　　　　　）を避けられる
　　　2（未来にもっとよいこと：　　　　　　　　　　　　）が起こる

②しょっちゅう怒るのをやめたら

　↳　1（未来のいやな状況：　　　　　　　　　　　　　　）を避けられる
　　　2（未来にもっとよいこと：　　　　　　　　　　　　）が起こる

③長時間、テレビやゲームをするのをやめたら

　↳　1（未来のいやな状況：　　　　　　　　　　　　　　）を避けられる
　　　2（未来にもっとよいこと：　　　　　　　　　　　　）が起こる

④　　　　　　　　　　　　　をやめたら

　↳　1（未来のいやな状況：　　　　　　　　　　　　　　）を避けられる
　　　2（未来にもっとよいこと：　　　　　　　　　　　　）が起こる

⑤　　　　　　　　　　　　　をやめたら

　↳　1（未来のいやな状況：　　　　　　　　　　　　　　）を避けられる
　　　2（未来にもっとよいこと：　　　　　　　　　　　　）が起こる

⑥　　　　　　　　　　　　　をやめたら

　↳　1（未来のいやな状況：　　　　　　　　　　　　　　）を避けられる
　　　2（未来にもっとよいこと：　　　　　　　　　　　　）が起こる

2 実行機能を使いこなして、失敗を生かそう

> ワークで高めた実行機能を応用！

私たちは日々失敗をします。

大切なのは
- （1）失敗した直後にどう対処するか
  失敗を繰り返すというばあいでも、**対処法をいろいろ工夫して、その時々のトラブルを最小限にする努力をしましょう。**
- （2）次に失敗しないためにはどうするか
  次に失敗しないためには、**①原因を分析し　②対応法を考える**ことが必要です。
- （3）実際に行動し、うまくいけばそれを繰り返し、また**うまくいかなかったら①②に戻ります。**

1 朝ねぼうした！ どうする？

　ユウトくんは、朝なかなか起きられません。今日もねぼうしてしまいました。
　いつもは家を出るまで40分かかっていますが、今日は20分でやらないと遅刻してしまいます。
　お母さんが、「朝ご飯を食べている時間はないから、おにぎりをつくったわ。持っていきなさい」と言いました。ユウトくんは、家で食べたいと思いましたが、おにぎりを持って出ました。
　ユウトくんは毎日朝に次のようなことを習慣にしています。でも、全部やると遅刻してしまいます。あなたはユウトくんにどんなアドバイスをしますか？　次の表を参考に考えてみてください。

ユウトくんがいつもやっていることリスト

☐ふとんをたたむ

☐顔を洗う

☐歯を磨く

☐朝ご飯を食べる

☐ヘアスタイルを整える

☐制服に着替える

☐靴下をはく

☐カバンの中の持ち物をチェックする

☐ティッシュ・ハンカチをポケットに入れる

ワーク ねぼうしても遅刻しないために

　ねぼうという失敗はしても、その後の対処がよければ、遅刻はしません。遅刻をしないためにはどうしたらよいか、考えてみましょう。

---

① 朝、いつもやっていることリストの中からしなくてもよいものを考えてみよう

　●ふとんをたたむ　➡　家族にやってもらう

---

② 後でもできることを考えてみよう

　●ティッシュが見つからない　➡　必要なときにクラスメイトからもらう
　●靴下をはく　➡　持っていって学校ではく

---

③ 時間を短縮できることがないか考えてみよう

　●ご飯を食べる量を減らすか、食べない
　●ヘアスタイルを整えることをあきらめる

あなただったら、どうしますか？　他に何かできることがあれば、書いてみましょう。

いつもやっていること
....
　●..　➡　後で..する

いつもやっていること
....
　●..　➡　..をあきらめる

ワーク 朝ねぼうをしない工夫

　ユウトくんが遅刻しそうになったのは、そもそもねぼうしたからです。前ページの工夫で遅刻は避けられても、ねぼうをなくさないと、いつも朝あわてて準備しなければなりません。根本的な解決のためには下の3つが重要です。

①ねぼうの原因をあきらかにする
②ねぼうしない対策を考える
③実際にやってみる。うまくいけばそれを繰り返し、うまくいかなかったら①②に戻る

①原因を分析

　ユウトくんは、友だちから借りたDVDを遅くまで見ていました。寝るのが遅くなったので、朝起きられなかったのです。

②対策を考える

　DVDやゲーム、マンガなど夢中になりそうなものは、休みの日までがまんする。

③実際にやってみる

- DVDを借りた友だちに月曜日まで貸してくれるか確認する。
- 見たくなっても、がまんする（他のことで気を紛らわせる）。
- どうしても、がまんできないときは、時間を決めて、途中まで見る。

　途中でやめられなくなって全部見てしまったら、なぜやめられなかったかを考える。やめる方法がないか考える。

ワーク 朝ねぼうの原因と対策

　あなたが朝ねぼうしてしまったときの原因とその対策を、表に書き込んでみましょう。
　また、どれくらい苦手か0〜10で記入してみましょう。

原　因	苦手度（0〜10）	対　策
目覚まし時計をセットし忘れた	8	
目覚まし時計が鳴ったけれど、起きられなかった	2	
夜寝る時間が遅くて睡眠時間が短かった	5	

2　遅刻しちゃった！　どうする？

　ショウ君は、友だちと鉄道博物館に行くことにしました。駅で待ち合わせをして、そこから博物館までバスで行く約束でした。朝、ねぼうしてしまったので、あわてて持ちものを用意しましたが、さいふを持っていないことに気がついて、いったん家にとりにもどりました。
　そのため、約束の時間に20分遅刻してしまいました。予定していた電車に乗れません。ショウくんはどうしたらよいでしょう？
　あなたはショウくんにどんなアドバイスをしますか？

⏻ すぐにやること

　これ以上友だちに迷惑をかけないために、ショウくんはどうしたらよいでしょう？

①駅で待っている友だちに電話（　する・しない　）
あなたなら（　する　・　しない　）
②電話するとしたら、いつする？
起きた後すぐ　・　家を出るとき
③電話では何と言いますか？
（　　　　　　　　　　　　　　　　　　　　　　　）

95

遅刻することがわかったら

駅で待っている**友だちにすぐに連絡することが大切**です。

駅で待っている友だちは、なぜこないか心配したり、イライラします。**連絡があれば、安心します。**電話では、しっかり謝り、いつごろ駅に着くか伝えます。

> 約束をしたとき、お互いの連絡先（携帯電話番号やアドレスの交換など）を確認しておきましょう。

忘れものをしないために

ショウくんが遅刻したのは、ねぼうと忘れものをしたためです。さいふ（お金）がないと困ります。友だちに借りる方法もあるかもしれませんが、友だちが2人分のお金を持っていないと目的地に行けません。94ページとおなじように考えてみましょう。

①さいふを忘れた理由を考える
②忘れものをしない対策を考える
③実際にやってみる。うまくいけばそれを繰り返し、うまくいかなかったら①②に戻る

①原因を分析する

ショウ君は、前の日に持ちものを準備していませんでした。
当日あわてて持ちものを用意したので、カバンにさいふを入れ忘れたのです。

②対策を考える

・前日に持ちものを準備することにしました。
・持っていくもののリストをつくりました。
・友だちにリストの持ちものでよいか確認しました。
・家の人にリストの持ちものでよいか確認してもらいました。

③実際にやってみる

準備を十分にしたつもりでも、さまざまな予想しなかったことが起こります。**予想外のことが起こったら、その場で他の方法がないか考えて、対処しましょう。**近くにいる人に相談することも必要です。

ワーク 遅刻の原因分析

あなたが遅刻するとしたら、どんな原因が考えられるでしょうか？ そのための対応法も考えて、表に書き込んでみましょう。

原　因	苦手度 (0〜10)	対　策
眠る時間が遅い	9	
予定時間に起きられない	8	
テレビを見ていて食事時間が遅くなる	3	
（　　　）がなくて探す		
何を着るか迷う		
ヘアスタイルを整えるに時間がかかる		
ちがう電車に乗ってしまう		
待ち合わせの場所や時間を間ちがえる		
目的地の場所に行くのに迷う		
目的地を間ちがえる		
（　　　）を忘れる		

97

💡 準備するときのヒント

準備をするときは、やることを確認して、**タイムスケジュール**や持っていくものを書き出してリストにします。電車や施設の始まる時間が平日と休日ではちがうばあいもあります。次のような点に注意して準備をするとよいでしょう。

①前日までにやることリストをつくる

当日には、なるべくやらないですむように前の日にまでに準備をします。当日、あわてて準備すると、やり忘れることがあったり、時間がなくなってしまうことがあります。

②予想外のことがあってもあわてない

いろいろ準備しても、ハプニングはつきものです。そのときに柔軟に対応できるように、他の方法を考えておきましょう。準備する習慣がつけば、それほど困ったことは起こりません。不安になりすぎず、その日のイベントを楽しむことができるでしょう。

③天気のチェックをする

天候や気温によって、どの洋服を着たらよいかが変わってきます。事前に天気予報をチェックして、着るものの準備は前日にしておきましょう。

④1つ多く予定に入れておく

たとえば、「コンビニでお水を買ってから約束の場所に行く」というように、**もし時間がなかったらやらなくてもよいことを1つ、やることリストに入れて**おきましょう。これで遅刻をしなくなるという人が多いので、試してみてください。

⑤予備の時間をつくっておく

はじめての場所に行くときは、道に迷うなどのハプニングがあるので、到着までの時間に余裕のあるプランをつくりましょう。

⑥普段より見積もり時間を長くする

いつもやっていないことは、どのくらい時間がかかるか、わからない人もいると思います。いつも、予想していた時間よりも時間がかかってしまう人は、自分で考えている予想時間を1.5倍した時間を予定しておくとよいでしょう。

3　ゲーム依存を予防しよう

　ゲーム依存とは、インターネットやゲームに過度に没頭してしまい、インターネットやゲームなどができないと、いらだちを感じたり、日常生活でやるべきことをやらなくなったり、対人関係や心身状態が悪化するにもかかわらず、やめられない状態のことです。

　ネットやゲームは、麻薬やアルコール、たばこ、ギャンブルなどとおなじように、**没頭すると時間を忘れ、のどが渇いたりおなかがすいていることを忘れ、やり続けてしまいます。**また、課金されたお金を支払うことができず、外国では自殺してしまったという悲劇も起こっています。

　時間を区切って、**適度のストレス発散、気分転換**として使えれば問題はありませんが、日常生活に支障をきたす「依存」というレベルになると、それは病気であり、自分ひとりではコントロールできない状態です。

　ネットやゲームはアルコール、タバコとちがい、**小さい頃から接する機会が多く、**脳や体の成長という点からも注意が必要です。日本医師会は以下の問題点を警告しています。

- 睡眠不足により体内時計が狂う
- 体を動かさないと骨と筋肉が成長しない
- 目の働きを育てる外遊びが減ると動体視力が落ちる
- 長時間の使用で、脳の記憶や判断を司る部分の発達に遅れが出る

⏻ 上手に使おう

　「ゲームの時間多すぎ！」と家族に注意されている人もいるかもしれませんが、ゲームが絶対に悪いというわけではありません。実行機能を使って**時間をコントロールし、日常生活で困らなければ、**よいストレス発散や気分転換の方法の１つになります。

　このようなトラブルを防ぐためには、実行機能が大きくかかわっています。

　まず、あなたとゲームの関係は次ページの図のどこに位置するか、確認してみましょう。

💡ゲームとトラブルの関係チェック

		コントロール	
		できる	できない
トラブル	少ない	① ゲームの時間がコントロールできて、トラブルがない	③ 時間のコントロールはできていないけれども、トラブルは少ない
トラブル	多い	② 時間のコントロールはできているけれども、トラブルがある	④ 時間のコントロールができていなくて、トラブルが多い

①ゲームの時間がコントロールできて、トラブルがない

上手にストレス発散の道具として使っているので、問題はありません。ただ、急にゲームの時間が延びて、それが長く続くようだと、何かのストレスサインと見て支援が必要なばあいがあります。

②時間のコントロールはできているけれども、トラブルがある

現在は依存状態ではありませんが、今後依存に移行する可能性があるグループです。時間はコントロールできていたとしても、忘れものが増えたなど、何かあればその対策が必要です。トラブルをだれかに相談できないと、問題がより大きくなってしまうことがあります。

③時間のコントロールはできていないけれども、トラブルは少ない

現在は依存状態ではありませんが、今後依存に移行する可能性があるグループです。ゲームの時間をコントロールできるように支援し、時間を減らすことができれば、問題はありません。自分でコントロールできないばあいは、家庭でのルールづくりが大切です。

④時間のコントロールができていなくて、トラブルが多い

すでに依存しているか、その可能性があるグループです。インターネット依存度テストをやって自覚をうながすだけでも、ゲームを短くしようというモチベーションが高まるばあいがあります。

インターネット依存度テスト
(IAT:Internet Addiction Test)

各質問の1～20について、次の1から5の回答の中から、もっともあてはまる番号を1つ選んでください。自分に関係のない質問であれば「まったくない」を選んでください。

このばあい、利用する機器は、パソコン、携帯電話、スマートフォン、ゲーム機などオンラインで使用するすべてを含みます。

1…まったくない　2…まれにある　3…ときどきある　4…よくある　5…いつもある

#	質問	回答
1	気がつくと、思っていたより長い時間インターネットをしていることがありますか。	1 2 3 4 5
2	インターネットをする時間を増やすために、家庭での仕事や役割をおろそかにすることがありますか。	1 2 3 4 5
3	配偶者や友人と過ごすよりも、インターネットを選ぶことがありますか。	1 2 3 4 5
4	インターネットで新しい仲間をつくることがありますか。	1 2 3 4 5
5	インターネットをしている時間が長いとまわりの人から文句を言われたことがありますか。	1 2 3 4 5
6	インターネットをしている時間が長くて、学校の成績や学業に支障をきたすことがありますか。	1 2 3 4 5
7	他にやらなければならないことがあっても、まず先に電子メールをチェックすることがありますか。	1 2 3 4 5
8	インターネットのために、仕事の能率や成果が下がったことがありますか。	1 2 3 4 5
9	人にインターネットで何をしているのか聞かれたとき防御的になったり、隠そうとしたことがどれくらいありますか。	1 2 3 4 5
10	日々の生活の心配事から心をそらすためにインターネットで心をしずめることがありますか。	1 2 3 4 5
11	次にインターネットをするときのことを考えている自分に気がつくことがありますか。	1 2 3 4 5
12	インターネットのない生活は、退屈でむなしく、つまらないものだろうと恐ろしく思うことがありますか。	1 2 3 4 5
13	インターネットをしている最中にだれかに邪魔をされると、イライラしたり、怒ったり、大声を出したりすることがありますか。	1 2 3 4 5
14	睡眠時間をけずって、深夜までインターネットをすることがありますか。	1 2 3 4 5
15	インターネットをしていないときでもインターネットのことばかり考えていたり、インターネットをしているところを空想したりすることがありますか。	1 2 3 4 5
16	インターネットをしているとき「あと数分だけ」と言っている自分に気がつくことがありますか。	1 2 3 4 5
17	インターネットをする時間を減らそうとしても、できないことがありますか。	1 2 3 4 5
18	インターネットをしていた時間の長さを隠そうとすることがありますか。	1 2 3 4 5
19	だれかと外出するより、インターネットを選ぶことがありますか。	1 2 3 4 5
20	インターネットをしていないと憂うつになったり、イライラしたりしても、再開するといやな気持ちが消えてしまうことがありますか。	1 2 3 4 5

＊オンライン＝接続している状態　　オフライン＝接続していない状態
＊判定結果は103ページを参照

合計　　　点

開発者 Kimberly Young 博士からライセンスを得て翻訳・使用
翻訳者：久里浜医療センター TIAR
バックトランスレーションによる妥当性確認：Michie Hesselbrock 教授（米国コネチカット大学）
https://kurihama.hosp.go.jp/hospital/screening/iat.html

インターネット依存自己評価スケール
（青少年用）K-スケール

以下の15の各質問について、もっともあてはまる回答を選んでください。
採点して依存レベルの判定を見て、自身の依存レベルの評価とその対策を確認してください。

1	インターネットの使用で、学校の成績や業務実績が落ちた。	
2	インターネットをしている間は、よりいきいきしてくる。	
3	インターネットができないと、どんなことが起きているのか気になって他のことができない。	
4	"やめなくては"と思いながら、いつもインターネットを続けてしまう。	
5	インターネットをしているために疲れて授業や業務時間に寝る。	
6	インターネットをしていて、計画したことがまともにできなかったことがある。	
7	インターネットをすると気分がよくなり、すぐに興奮する。	
8	インターネットをしているとき、思い通りにならないとイライラしてくる。	
9	インターネットの使用時間をみずから調節することができる。	
10	疲れるくらいインターネットをすることはない。	
11	インターネットができないとそわそわと落ち着かなくなりあせってくる。	
12	一度インターネットを始めると、最初に心に決めたよりも長時間インターネットをしてしまう。	
13	インターネットをしたとしても、計画したことはきちんとおこなう。	
14	インターネットができなくても、不安ではない。	
15	インターネットの使用を減らさなければならないといつも考えている。	

Ⅰ. 採点方法
まったくあてはまらない：1点、あてはまらない：2点、あてはまる：3点、非常にあてはまる：4点
ただし、項目番号9番、10番、13番、14番は、次のように逆に採点する
まったくあてはまらない：4点、あてはまらない：3点、あてはまる：2点、非常にあてはまる：1点

Ⅱ．総得点および要因別得点
1. 総得点
① 1～15番　合計　　点
② A要因（1、5、6、10、13番）　　合計　　点
③ B要因（3、8、11、14番）　　　合計　　点
④ C要因（4、9、12、15番）　　　合計　　点

開発者韓国情報化振興院（National Information Society Agency）より許可を得て翻訳・使用
翻訳者：久里浜医療センター TIAR
バックトランスレーションによる妥当性確認：Sungwon Roh 博士（ソウル国立病院精神保健研究部長）
[https://kurihama.hosp.go.jp/hospital/screening/kscale_t.html][1]

[IAT 判定結果]

得点が高いほど依存の度合いが強いことになります。

【20 〜 39 点】　平均的なオンライン・ユーザーです。

【40 〜 69 点】　インターネットによる問題があります。インターネットがあなたの生活に与えている影響について、よく考えてみてください。

【70 〜 100 点】　インターネットがあなたの生活に重大な問題をもたらしています。すぐに治療の必要があるでしょう。

[K- スケール判定結果]

1. 高リスク使用者
判定：総得点が以下に該当するか、または、3 つの要因別得点のすべてが以下に該当するばあい

【中高生】
総得点 → 44 点以上
要因別得点 → A 要因 15 点以上、B 要因 13 点以上、C 要因 14 点以上

【小学生】
総得点 → 42 点以上
要因別得点 → A 要因 14 点以上、B 要因 13 点以上、C 要因 13 点以上
評価と対策：あなたはインターネット依存傾向が非常に高いです。専門医療機関などにご相談ください。

2. 潜在的リスク使用者
判定：総得点または要因別得点のいずれかが以下に該当するばあい

【中高生】
総得点 → 41 点〜 43 点
要因別得点 → A 要因 14 点以上、B 要因 12 点以上、C 要因 12 点以上

【小学生】
総得点 → 39 点〜 41 点以下
要因別得点 → A 要因 13 点以上、B 要因 12 点以上、C 要因 12 点以上
評価と対策：インターネット依存に対する注意が必要です。インターネット依存におちいらないよう節度を持って使用してください。

3. 一般使用者
判定：総得点および要因別得点のすべてが以下に該当するばあい

【中高生】
総得点 → 40 点以下
要因別得点 → A 要因 13 点以下、B 要因 11 点以下、C 要因 11 点以下

【小学生】
総得点 → 38 点以下
要因別得点 → A 要因 12 点以下、B 要因 11 点以下、C 要因 11 点以下
評価と対策：インターネットが健全に使用できているか、普段から自己点検を続けてください。

[1]:https://kurihama.hosp.go.jp/hospital/screening/kscale_t.html

ゲーム依存から抜け出すために

　ギャンブル依存症やゲーム依存症などの**行動上の依存症**といわれるものは、物質依存症（薬物依存症、アルコール依存症など）とかならずしもおなじではなく、ギャンブル依存症者やゲーム依存症の3分の1ほどは、他人の助けを借りずに独力で1年以内に依存から脱却できることがわかっているそうです（『快感回路』デイヴィッド・リンデン）。逆に言えば、3人に2人は**他の人の力を借りないと依存から抜け出せない**のです。

　2019年にWHOが定めるICD-11（疾病及び関連保健問題の国際統計分類：International Statistical Classification of Diseases and Relatedの第11版）でゲーム障害が正式に認定されました。

> **ICD-11の診断基準**
> 1) ゲームによって深刻な問題が発生している
> 2) ゲームのコントロールができない（頻度、持続時間、強度）
> 3) ゲームを他の何にもまして優先する
> 4) ゲームにより問題が起きているのにゲームを続ける
> 5) 上記の症状が12カ月以上継続している

　しかし、実生活では、まだ1年続いていないから大丈夫ということにはなりません。12カ月未満でも、ゲームによって何か生活上の問題が起きているようであれば、早めに対応することをおすすめします。

　一番注目すべきなのは、日常生活でどんな支障があるか、また、**問題が起きたときにゲームをやめたり、時間を減らすことができるか**という点です。たとえばいじめなど、大きなストレスのせいで、ゲームの時間が急に長くなることもあります。ゲームの時間が長いからと一方的に怒ったり取り上げたりせずに、まずは相手の話をよく聴き、話し合うことをおすすめします。

ゲーム依存を抜け出したケース①

　卓球部に所属している中学2年生。先輩が転校して急にレギュラーになった。朝練もあるので、早く眠るために8時以降はゲームをやらないことにした。がんばって練習したら、地区大会で団体3位になった。

ゲーム依存を抜け出したケース②

　ゲームの時間が長くなり、睡眠時間が短くなって、学校や塾で居眠りすることが増えてきた。成績が大きくさがってしまった。どうしても希望の大学に行きたいので、勉強中はスマホは親に預け、ゲームは基本週末だけにして、受験勉強に専念した。

ゲーム依存を抜け出したケース③

お金が必要なゲームにハマり、祖母からお金を借りるようになった。借金するほどゲームにハマり、自分でコントールできないことに気づいた。親に見つかり「スマートフォンを取り上げる」といわれ反省し、時間を決め親にスマホを渡すようにした。

この３つのケースには共通点があることに気づかれたでしょうか。睡眠不足、学力低下、体調不良、お金などの**問題（生活に支障をきたすこと）に自分で気づけた**ことです。問題に気づいて何とかしたいと思えると、自分で解決できる可能性があります。そのためには、ゲームの時間、睡眠時間、成績などの行動を自分でチェックすることが大切です。

実際にゲームの時間を減らせればいいのですが、依存レベルになると入院治療が必要なばあいもあります。家族だけではむずかしいと思ったら、適切なサポーターのサポートを受けましょう。

💡 問題に気づけず、依存になりやすい人の特徴

- ☐ ストレスが多い
- ☐ 居場所がない
- ☐ 達成感を感じられることがない
- ☐ 不安やトラウマがある
- ☐ 過集中がある
- ☐ 自己コントロールがむずかしい
- ☐ 時間感覚がない
- ☐ 自分が何かにはまりやすいと気がついていない
- ☐ 手持ちぶさたな時間がある

💡 依存になったときの主な問題

依存症になると睡眠不足により他のさまざまな問題が連動して起こります。
たとえば、

- ☐ 成績が下がり続ける
- ☐ 起床できずに遅刻、欠席する
- ☐ 学校や塾で居眠りをしてしまう
- ☐ 注意散漫になり事故を起こしやすくなる
- ☐ イライラしやすくなる

などが起こりやすくなります。

ワーク 睡眠とゲームの時間チェック

　日本で数少ない、青少年のネット依存の入院治療プログラムのある国立病院機構久里浜医療センター院長の樋口進先生によると、「ゲームを飽きるまでやらせることは治療として逆効果」だそうです。先生がすすめる個人でできる対策は次のようなものです。

①**ネットの使用を制限する**
　　➡携帯、スマートフォン、ゲームのルールづくりが大切➡親子で契約書をつくる
②**ネット以外に好きなことを見つける**
③**相談できる相手を見つける**
④**生活行動記録をつける（1日の睡眠とゲームの時間のチェックをする）**

　下の表は、記録帳に色をぬってみたものです。時間を可視化することで行動をふり返ることができます。

午前		午後	
0:00		1:00	
1:00		2:00	
2:00		3:00	
3:00		4:00	
4:00		5:00	
5:00		6:00	
6:00		7:00	
7:00		8:00	
8:00		9:00	
9:00		10:00	
10:00		11:00	
11:00		12:00	
12:00			

睡眠時間　　　5時間
ゲームの時間　5時間

1週間の睡眠とゲームの時間をチェックしてみましょう。

	月曜	火曜	水曜	木曜	金曜	土曜	日曜
午前0:00							
1:00							
2:00							
3:00							
4:00							
5:00							
6:00							
7:00							
8:00							
9:00							
10:00							
11:00							
12:00							
午後1:00							
2:00							
3:00							
4:00							
5:00							
6:00							
7:00							
8:00							
9:00							
10:00							
11:00							
12:00							

睡眠時間　　　　時間

ゲームの時間　　　　時間

平日の平均
- 睡眠時間　　　　時間
- ゲームの時間　　　　時間

休日の平均
- 睡眠時間　　　　時間
- ゲームの時間　　　　時間

ワーク スマートフォン・ゲームの契約書をつくろう

インターネットやゲームは楽しく、やっていると快感物質であるドーパミンが出ます。私たちはドーパミンが出る行動を繰り返すのです。

日本では多くの家庭で、子どもの自主性に任せて、スマートフォンやゲームの管理をしていませんが、大人は子どもたちが制御できるように支援をする必要があります。**ペアレンタルコントロール**という子どもが使うパソコンやゲームなどの情報通信機器の利用を、親が監視して制限するシステムがあります。

大切なのは、**スマートフォンやゲームは親の所有物であり、子どもはそれを「借りている」**という認識をしっかり持たせることです。契約書をつくってからスマートフォンやゲームを与えることが理想ですが、途中からでも効果があります。

【ゲームの使用契約書】

以下のゲームをする条件を親子で決めます。

①ソフトを置く場所は親と決め、親が管理します
②チャット機能は制限をします
③食事中、自転車や歩いているときには使用しません
④夜の（　　）時以降は使いません。休日は（　　）時間までとします
⑤自分の部屋には持ち込みません
⑥困ったときはすぐに親や先生に相談します
⑦ダウンロードや課金をする時は親の許可をもらいます
⑧_____

　年　　　月　　　日

_____
私はこのルールを守ります。守れないときは親に返却します。
　　　　　　　子どものサイン

_____
子どもがルールを守れるようにサポートします。
　　　　　　　保護者のサイン

【スマートフォン・タブレットの使用契約書】

　以下の条件を親子で決め、高校を卒業するまでの間、親からスマートフォン・タブレットを借ります。

①パスワードは親と決め、親も管理します
②インターネットはフィルタリング設定をします
③平日、休日の時間設定をします
④食事中、自転車や歩いているとき、使用しません
⑤夜の 21 時以降は翌朝出発するまで親に返します
⑥困ったときはすぐに親や先生に相談します
⑦自分や他人の個人情報（電話番号・メールアドレス・住所など）を親の許可なく
　教えません
⑧ダウンロードやネットショッピングは親の許可をもらいます
⑨人の悪口を書き込んだり送ったりしません（相手を不快にさせたり誤解されたり
　しないよう言葉を選びます）
⑩勝手に他人の写真や動画をとりません
⑪＿＿＿＿＿＿＿＿＿＿＿＿＿＿＿＿＿＿＿＿＿＿＿＿＿＿＿＿＿＿＿＿＿＿＿＿

　　　　　年　　　　月　　　　日

私はこのルールを守ります。守れないときは親に返却します。
　　　　　　　　子どものサイン
　　　　　　　　＿＿＿＿＿＿＿＿＿＿＿＿＿＿＿＿＿＿＿

子どもがルールを守れるようにサポートします。
　　　　　　　　保護者のサイン
　　　　　　　　＿＿＿＿＿＿＿＿＿＿＿＿＿＿＿＿＿＿＿

4 マイ防災プランを立てよう

日本は地震や水害が多く、いつ自然災害が起こるかわかりません。不注意や事故による火災も起こります。このような急な災害に対して準備をするときや、災害が起こったときに臨機応変に行動するときは、まさに実行機能をフル稼働することが必要になります。

とくに、急な予定変更が苦手な子どものばあいは、家族で災害用の備品を準備することでメンタルリハーサルになることがあります。

⏻ ローリングストック（防災備品リスト）

ショウくんが日曜日の夕食を家族で一緒に食べているとき、地震災害のニュースが目に入りました。

被災地では水がなくてとても困っていたということで、食後に家族で家の災害用の備蓄を考えることにしました。

ショウくんがスマートフォンで、「災害　家の備蓄リスト」というキーワードで検索したところローリングストックという方法が説明されていました。いろいろなものを少し多めに買っておいて、使いながら補充していくという方法です。それを参考にして家族3人3日間分の備蓄リストをつくりました。

また、災害が起こったとき、万一のことを考えて家族で「個人情報カード」をつくりました。変更があれば書き換えていきます。

```
情報カード                                    顔写真

名前＿＿＿＿＿＿＿＿＿＿＿＿＿＿＿＿＿＿＿＿
住所＿＿＿＿＿＿＿＿＿＿＿＿＿＿＿＿＿＿＿＿＿＿＿＿
家族の名前＿＿＿＿＿＿＿＿＿＿＿　携帯電話＿＿＿＿＿＿＿＿
生年月日　血液型＿＿＿＿＿＿＿＿＿＿＿＿＿＿＿＿＿＿
保険証番号＿＿＿＿　年　　月　　日　　血液型＿＿＿＿＿型
手帳番号＿＿＿＿＿＿＿＿＿＿＿＿＿＿＿＿＿＿＿＿
アレルギー、その他 持病・特性＿＿＿＿＿＿＿＿＿＿
常備薬＿＿＿＿＿＿＿＿＿＿＿＿＿＿＿＿＿＿＿＿＿
```

⏻ ローリングストックのやりかた

1年に一度、備品の在庫をチェックしましょう。

お気に入りの小さなぬいぐるみを持っていたら心が落ち着いたという子がいました。あなたの避難バックに、何かカームダウンできるグッズを入れておくといいですね。

●ショウくんの避難バッグ

	チェック
携帯電話・スマートフォン	
充電器	
携帯ラジオ	
ビニール袋	
笛	
救急セット	
衣料品	
水	
トイレットペーパー	
タオル	
使い捨てカイロ	
家族分の保険証	
小銭・現金	
防災タウンページの冊子	
マスク	
ビスケットやチョコレート	
雨具	
歯磨き洗顔セット	
毛布	
新聞紙	

●防災備品チェックリスト

	チェック
食料　約3日分	
飲料水 1人1日3リットル×家族の数×3	
使い捨てカイロ	
スリッパ	
簡易トイレまたはポリ袋	
ウォータータンク	
荷物運搬用カート	
タオル	
軍手	
マスク	

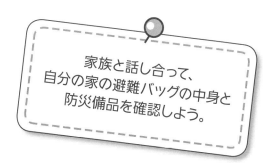

家族と話し合って、自分の家の避難バッグの中身と防災備品を確認しよう。

③ 発達障害と実行機能

実行機能とは

　実行機能は、一言で言うと**「目標に向かって行動するために必要な考えや行動、感情をコントロールする機能」**です。

　私たちは常に何か目標を持って行動しています。普段はあまり意識していないのですが、それは目標の多くが習慣化してしまっているせいかもしれません。たとえば「朝ご飯を食べる」という行動はまさに習慣化しているもので、とくに目的など意識していませんが、よく考えてみればエネルギーを補給する、という立派な目標があっての行動です。

　こうした人間の行動は、時には計画を立てたりしていろいろ考えなければいけないことや感情に左右されることもあります。人は時に、なかなかやる気がおきないこともやらなければいけないですし、いやなこともがまんしてやらなければいけないこともあります。**やりたいことやいやなことをぐっと抑えて行動する、これも立派な実行機能の働き**です。

　これらの実行機能は人間の脳にある「前頭葉」と呼ばれる場所でおこなわれています。この前頭葉は、**自己の感情や行動の制御、他者の感情の認知、行動計画の立案の他、はっきりわからないことに対してあれこれ想定して行動したり（推論能力）、時には創造力を働かせたりします。**こうした力は人間以外では見られないことから、前頭葉は人間らしさをつかさどる脳部位とも言えます。

　もちろん前頭葉だけではなく、前頭葉を中心とした脳がいろいろ情報をやりとりして行動に移します。ですが、時には余計な情報が必要な情報のやりとりを妨げることもあります。
あなたが買い物をしてレジに並んでいるとき、突然おさいふがないことに気づいたらどうでしょうか？　頭の中はきっと不安でいっぱいになるはずです。そうしたときには実行機能はうまく働きません。「どこにあるんだろう」「もしお金が抜き取られていたらどうしよう」「明日まで見つからなかったらどうしよう」そういったことをあれこれ考えるにちがいありません。

　これから作業する事柄（買い物を終えて家に帰る）よりも不安な感情が頭の中を支配してしまうと、おこなおうとした作業に割り当てられる機能が大きく減らされてしまいます。

　ですが、そのときに「さいふ見つかったよ」と知らされると、それまで頭の中を支配していた不安がなくなり、その先にやろうと思っていたことがきっと先ほどよりも見ちがえるほど簡単に、上手にできると思います。そういう経験はありませんか？

　もちろんこれらは個人差があって、ちょっとした不安があっただけで何も手をつけられない人もいれば、上手に気持ちを切り替えられる人もいます。

　この本では、実行機能を、❶起動（やる気スイッチ）、❷計画立案、❸時間の管理、❹空間や情報の管理、❺お金の管理、❻切り替え、❼ワーキングメモリ、❽集中と制御の８つの要素として紹介しています。

ごく簡単に８つの要素を説明しておきましょう。

❶起動（やる気スイッチ）——言葉の通り、やる気を起こすきっかけです。環境を整え、自分に合ったやり方を模索する力です。

❷計画立案——行動を決めるプランニング機能で、物事の優先順位を決めて、それを最適な方法で実行するプランを立てる能力です。行動を効率的におこなう上でとても重要な能力です。物事の優先順位を決めるには、さまざまな情報を集めた上で、どの順番に実行していくのがよいのかを決めるわけですが、やりたくないことを先にやったり、逆にやりたいことを後回しにしたり、あきらめることも必要になってきます。実行できない計画を立てない、という力も必要です。

❸時間の管理——プランニングにも関係することで、いつやるのか（実施する時間）、どういう時間配分でやるのか（時間の使い方と優先順位）、といったことのほかに、時間を見ながら行動を調節する、ということも含まれています。

❹空間や情報の管理——これはどういった環境を整備すればより効率的に行動ができるか、それを調節することです。そのなかには、どこに何があるのかを把握することや、必要な情報を管理して特定の場所に保存するといった情報の管理も含まれます。ものの分類や整理整頓はもちろん、心地よい空間を保つというのも作業をする上では重要です。

❺お金の管理——これにはさまざまな能力が含まれています。たとえばお金は計画的に使う必要がありますので先を見通す力が必要です。損得も大いに関係するので、感情をコントロールすることも必要になります。その他に、自分のお金がいまいくらあるのか、という状態をモニタリングする必要もあります。

❻切り替え——感情制御機能のことです。何に対してもすぐに感情を爆発させると、多くのばあい、人間関係がうまくいかなくなったり、自分に自信をなくしたりする状況に陥ることがあります。あるときはがまんしたり、あるときは怒ったりと、場面や人間関係などさまざまな情報を一瞬で処理して、自分の気持ちをコントロールする必要があります。気持ちを切り替えるには、その前に自分の「今の感情」に気づくことが必要になります。感情の気づきには、体性感覚（特に汗をかく、体が熱くなる、などの皮膚感覚）のほかに、内受容感覚（心臓の鼓動や体の中のゾクゾク感、胃がキリキリする、などの内臓感覚）が重要で、こうした感覚に気づきやすい人ほど自分の感情に気づいたり、評価することができるようです。

❼ワーキングメモリ——現在の情報と過去の情報（記憶）を一時的に頭の中で留めておく機能です。目標を達成するためには、もっとも最適な行動を選択することが必要です。行動を選択する際には、自分の記憶から関連した情報を引き出してそれを参考に行動します。また、人と会話をするときには、言葉の意味を理解して、会話の内容を一時的に脳に保存しておき、会話に関連した記憶を長期記憶から引き出して、新しい情報を書き換えて保存する必要があります。普段脳に入力される情報の９割ほどは相手の仕草や表情、周囲の風景などの視覚情報と声や環境音などですが、不要なものは記憶として保存されずに処理されます。

下のイラストはワーキングメモリをどう使っているかという模式図です。

❽ 集中と制御——どの情報が必要でどの情報が不要かを取捨選択し、不要な情報を抑え

たり、緊急事態が発生したときにすぐにその事態を処理するために注意や思考を切り替えたりする機能です。実生活場面では、感情も伴う状況が多いため、感情の制御（今の自分の感情に気づいたり、興奮を抑えたり、場に応じた適切な感情を表出する、など）も重要になります。

下は、人と話しているときの実行機能の働きとワーキングメモリの処理スペースを図にしたものです。会話中に別のことを考える必要が出てきたら、振り分けのし直しが行なわれます。

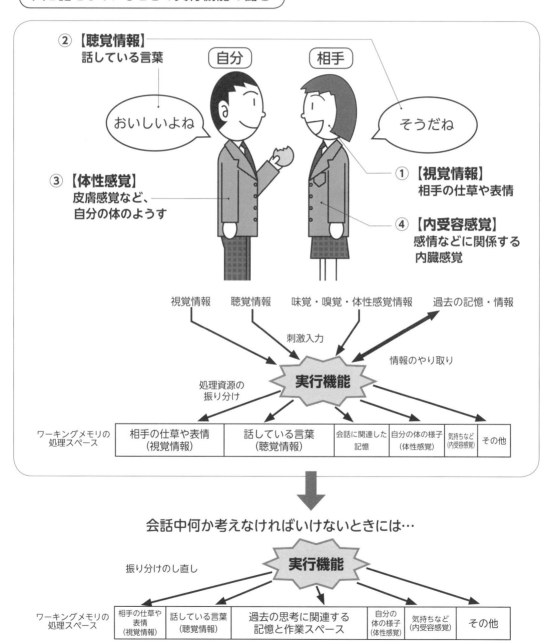

発達障害と実行機能の関係

　日常生活で実行機能がすぐれている人とそうではない人がいますが、どういうちがいがあるのでしょうか。

　発達障害のある人の中には、**実行機能を上手に働かせるのがむずかしい人がいます。**とくに自閉スペクトラム症（ASD）のある人と注意欠如・多動症（ADHD）のある人は、実行機能を十分に働かせることがむずかしいと考えられています。

　実行機能の8つの要素は、いずれも発達障害のある人が苦手としていることですが、自閉症スペクトラム症のある人と注意欠如・多動症のある人では、**多少苦手の領域が異なる**ことがあります。

●自閉スペクトラム症のある人

　柔軟にワーキングメモリの処理スペースを入れ替えたり（アップデーティング）、さまざまな情報を適切に切り替えたりする（シフティング）ことがむずかしい傾向にあります。加えて、感情を処理しなければいけないばあいは、とくに**怒りや不安といった感情の制御がむずかしい**ようです。

　自分の現在の状況を把握したり、気持ちに折り合いをつけることは自閉症スペクトラム障害のない人でもむずかしいことです。感情のモニタリングや、気持ちの切り替えなどのソーシャルスキルトレーニングが効果を発揮することがあります。

●注意欠如・多動症のある人

　抑制機能に困難がある人が多く、とくに先の**見通しを持って行動したり、待つ、ということがむずかしく、目先のことに反応して行動してしまう**ことがあります。やりたいことがあって、それが抑えられずにやるべきことが後回しになって失敗する、ということを私自身さまざまな場面で体験しています。これは実行機能でいえば、**計画力に関する能力の弱さ**です。

　注意欠如・多動症の特性があまり顕著ではない人の中には、慎重すぎて失敗するという人もいる一方で決断力と実行力のために成功している例もあります。ただしこのばあい、自分の特性をよく理解していること、大きな失敗をしないよう自らの不足している**実行機能を補完するサポーターが周囲にいること**が重要な条件になっています。

　実行機能は通常、20代ごろまで発達しますが、加齢とともに低下します。また、うつ状態や女性ホルモンが低下する生理前、更年期にも低下します。最近ではネットゲーム障害やゲーム依存でも低下するということが報告されています。

本人×サポーターの実行機能タイプ別相性

　実行機能の働きが弱い人のばあい、年齢にかかわらずひとりでできないことがあり、自立するまで一定のサポートが必要です。どうしてもひとりではできない課題が出てきたときには、**年齢にかかわらず継続的に十分なサポート**をしてください。

　いわゆる実行機能の高い方は、行動に困難がある人の気持ちがわからないかもしれません。「何でこんなことができないの」「何でこうしないの！」とイライラするかもしれませんが、苦手な人の気持ちに寄り添って、一緒に考えながら、サポートしてあげてください。「自分もちょっと実行機能が弱い」と自覚されている方は、サポーターに適しているかもしれません。サポーターも実行機能のチェック（8ページ参照）をして、支援の参考にしてください。

　障害特性の理解が広まり、さまざまな支援が提案されていますが、実際の場面では、**サポーターと支援を受ける人の相性**が重要だと考えています。

① 実行機能が弱いサポーター×実行機能が弱い子ども

　この組み合わせのポイントは、「共感」です。実行機能が弱い者同士、お互いの苦手さがよくわかることが一番の強みです。「私も小さい頃はよく忘れものをしたよ、忘れ物すると大変だよね、わかるわかる！」といった感じで**「私もおなじ体験があるよ」というメッセージを伝え、おなじ思いである**ことを示しましょう。

　そして、自分もおなじように苦手だけど、いろいろ工夫してがんばってきたその工夫のポイントを伝えたり、一緒に考えたりするとよいでしょう。苦手なことがおなじだと親近感がわき、アドバイスが入りやすくなります。

　サポーターの実行機能が弱いと、うまくいく見本を示すことができなかったり、サポーター自身やり方がわからないということもあります。自分の失敗体験を思い出してしまい、頭ごなしに「忘れないようにしなさい。片づけなさい！　後で困るわよ」とイライラするかもしれません。そんなときはまず、深呼吸して、気持ちを切り替えることからスタートです。

② 実行機能が強いサポーター×実行機能が弱い子ども

　この組み合わせのポイントは、サポーターが「簡単にできることができない子がいる」ということを知ることです。実行機能がうまく働かないせいで、能力があるのに活用できない子どもの苦しみや悲しみ、落胆を受容しましょう。

　サポーターが段取りや情報管理が得意だと、「なんでこんなことができないの？　簡単じゃない！」と強い口調で叱ってしまうことがあります。そのような言葉をかけられた子どもは自信を失ってしまいます。どのようなサポートが必要なのか、**じっくり観察して、うまくいく方法をこの本から見つけて具体的にやり方を教えて**あげてください。すばらしいモデルを示すことができるでしょう。

　なかなか継続できず、サポーターがイライラすることもあるかと思いますが、三日坊主ということを前提に、**継続するにも工夫が必要**なのだということを理解してください。

③ 実行機能が弱いサポーター×実行機能が強い子ども

　この組み合わせは、サポートを受ける子どもの自尊感情を高めるのに最強の組み合わせです。サポーターが苦手なことはどんどん、手伝ってもらいましょう。「○○ができるなんてすごいね、私よりスムーズにできてるね。助けてもらって本当にうれしい。ありがとう」と、具体的にうまくいっている行動をほめ、感謝を示しましょう。

　サポートを受ける子どもは自信がつき、さらに感謝された体験がきっかけになり、**実行機能が弱い人の強力なサポーターに成長していく**可能性があります。

④ 実行機能が強いサポーター×実行機能が強い子ども

　この組み合わせの人たちは、この本の内容はほぼ自然にやっている、という感想を持つでしょう。さらに実行機能を強化するスキルを身につけ、能力を最大限に発揮してください。そして、どんなにがんばっても実行機能をフル稼働させるのがむずかしい人たちがいるということを理解してもらいたいと思います。

　得意なことや苦手なことは人によってちがうということを常に頭に置いて、「なんでこんなこともできないの？　バカじゃない」とか、「ダメな子！」といった人格を否定するような言動をしないように、親子で苦手な人を手助けしてあげて下さい。

マシュマロテスト

「マシュマロテスト」という実験を聞いたことはありますか？ お菓子のマシュマロを使った行動テストです。

1960年代に、アメリカの心理学者であるウォルター・ミシェルが、下のような手順で**子ども時代の自制心と将来の社会的成果の関連**を調べました。

①マシュマロ1個をすぐもらう
②15分食べずにがまんすれば、マシュマロをもう1個もらえる

だれもいない部屋で2個目のマシュマロをもらうために子どもたちが15分待てるかを観察する簡単な実験です。つまり、**未来の報酬を予測し、すぐに食べたいという衝動を抑える能力（がまんする能力）**を調べるテストです。

4～5歳のときにがまんする時間が長かった子ほど、

- 大学進学適性試験の点数が高得点だった
- 青年期の社会的・認知的機能の評価が高い
- 肥満指数が低い
- 自尊心が高い
- 目標を効果的に追求し、欲求不満やストレスにうまく対処できる

という結果が、追跡調査で報告されています。

このマシュマロテストの結果は、実行機能と深い関連があります。状況や条件を分析し、未来の報酬のために今、がまんするという行動が取れるかどうかを調べるものです。

注意欠如多動症の特性である多動・不注意・衝動性があれば、今やりたいことをやってしまうという衝動性が出たり、食べないようにしようと思っていたのに、そのことを忘れ、気がついたら食べていたという不注意の特性が出たりします。

レザック博士の実行機能の定義

アメリカの神経心理学の専門家レザック博士は、実行機能を①**意思**、②**計画立案**、③**目的遂行**、④**効果的行動**の4つの要素にまとめています（右の表参照）。

これをさきほどのマシュマロ・テストにあてはめて考えてみましょう。

①**意思**——ある目的を実行するには明確な意思を持つことが不可欠です。このばあいは「マシュマロを2個食べたい」ということです。

②**計画立案**——意思を実現するために必要なのが計画立案・段取りです。このばあいは、大人が戻ってくるまでがまんしたら2個食べられるということです。どういう条件を満たせばかなうのか、そのためにどういう行動が必要かというプランです。

③**目的遂行**――実際の行動です。「がまんしたら２個食べられる」という条件を実現するために紙に書いて確認したり、がまんをはげましあえるような仲間をつくることも効果的です。実生活では進み具合を確認して、当初の見込みとちがったときは計画を変更したり、中止するといったことも必要になります。

④**効果的行動**――ついつい食べそうになる自分に気づき、食べてしまうと２個もらえないことを思い出し、欲求をコントロールして何か別の対象に気をそらすといったことが必要になります。

●レザック博士による実行機能の４つの要素

①意思	目的の明確化、動機づけ、自己や環境の認識
②計画立案	必要な情報や方法の評価・選択、スケジュール作成
③目的遂行	計画を実際に開始し、維持し、変換し、中止する
④効果的行動	自己の行動の監視、修正、調整

　このマシュマロテストでわかるように、実行機能とは幸せに生きていくために重要な機能の１つなのです。欲求をがまんして、目標を実現できると、自分は物事をコントロールできるという自信がつきます。

　「自分はできる」という自尊感情が高まり、困難に直面しても何とかなるという楽観的な見通しを持つことができるようになります。つまり、実行機能を高めていくことによって人生が好循環で回っていくのです。

実行機能を ON にするために

実行機能を ON にするために大切なのが、不安を解消することです。不安は脳の扁桃体という部分が関係していることが知られています。

扁桃体は、情動（感情）をつかさどる脳の中枢です（図参照）。

扁桃体は危険や不安を感じると、理性をつかさどる脳の部位（前頭葉）などに信号を送り、その部位の活動を抑制します。扁桃体が危険を察知したときに信号を出し、「闘争か、逃走か、固まるか」という生理反応を引き起こします。その際、理性よりも感情を優先し

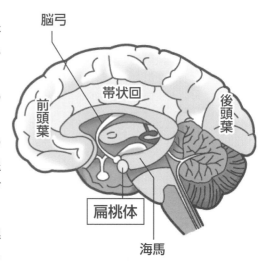

て、実行機能を麻痺させる要因になることもあります。アメリカの心理学者ダニエル・ゴールマンは、この状態を「扁桃体ハイジャック」と名づけています。

また、扁桃体は情動的な経験の記憶や学習にも深いかかわりがあり、いやな体験や失敗経験が脳に焼きついて、実行機能が十分に機能しないのも、扁桃体が関与しているといわれています。

この扁桃体ハイジャックの予防のために有効なのが、ゆっくり深呼吸することです。感情的な状態になったら、まず、「ゆっくりと息を吐く」ことをします。

パニックになると過呼吸におちいる人もいて、扁桃体ハイジャックが始まってしまうと、深呼吸をすることを忘れるくらい、理性が働かなくなってしまいます。感情のコントロールがむずかしくなる前に、サポーターがその前兆に気づき、「お水を飲みましょうか、呼吸をゆっくり、深呼吸しましょう」などと声がけをします。前兆は、呼吸が浅くなったり、ため息が多くなったり、落ち着きがなくなったする行動になってあらわれますが、個人差が多いので、注意が必要です。

■参考文献と情報

ハーバード×脳科学でわかった究極の思考法　スリニ・ピレイ (著)、千葉 敏生 (翻訳) ダイヤモンド社 (2018)

マシュマロ・テスト──成功する子・しない子　ウォルター ミシェル (著)、柴田 裕之 (翻訳) 早川書房 (2017)

カンデル神経科学 大型本　金澤一郎 (監修)、宮下保司 (監修)、Eric R. Kandel (編集)、James H. Schwartz (編集)、Steven A. Siegelbaum (編集)、Thomas M.Jessell (編集)、A. J. Hudspeth (編集) & 2 その他 メディカルサイエンスインターナショナル (2014)

一流の頭脳　アンダース・ハンセン (著)、御舩由美子 (翻訳) サンマーク出版 (2018)

心と体を蝕む「ネット依存」から子どもたちをどう守るのか　樋口 進 (監修) ミネルヴァ書房 (2017)

快感回路──なぜ気持ちいいのか なぜやめられないのか　デイヴィッド・J・リンデン (著)、岩坂 彰 (翻訳) 河出書房新社 (2014)

イライラしない、怒らない ADHD の人のためのアンガーマネジメント　高山 恵子 (監修) 講談社 (2016)

ありのままの自分で人生を変える挫折を生かす心理学　高山 恵子 (著)、平田 信也 (著) 本の種出版 (2017)

ライブ講義 高山恵子 I 特性とともに幸せに生きる　高山 恵子 (著) 岩崎学術出版社 (2018)

ワーキングメモリを生かす効果的な学習支援　湯澤 正通 (著)、湯澤 美紀 (著) 学研プラス (2017)

スタンフォード式 最高の睡眠　西野精治 (著) サンマーク出版 (2017)

ブレーキをかけよう〈1〉ADHD とうまくつきあうために　パトリシア・O. クイン (著)、ジュディス・M. スターン (著)、川畠 智子 (イラスト)、田中 康雄 (翻訳)、高山 恵子 (翻訳) えじそんくらぶ (2000)

教育技術 2018 年 12 月号最新脳科学でサポートする　どの子も伸びる支援メソッド　高山恵子 (執筆・監修) 小学館 (2018)

実行機能力ステップアップワークシート　NPO フトゥーロ LD 発達相談センターかながわ (著) かもがわ出版 (2017)

Miyake, A., & Friedman, N.P. (2012). The nature and organization of individual differences in executive functions: four general conclusions. Current Directions in Psychological Science, 21(1), 8-14.

Miyake, A., Friedman, N.P., Emerson, M.J., Witzki, A.H., & Howerter, A. (2000). The unity and diversity of executive functions and their contributions to complex "frontal lobe" tasks: A latent variable analysis. Cognitive Psychology. 41(1), 49-100.

森口佑介 (2015). 実行機能の初期発達、脳内機能およびその支援 . 心理学評論、58(1)、77-88.

Ramirez, G., & Beilock, S.L. (2011). Writing About Testing Worries Boosts Exam Performance in the Classroom. Science, 331(6014), 211-213.

ホームページなど

ベネッセ教育総合研究所　第 2 回 放課後の生活時間調査―子どもたちの時間の使い方 [意識と実態] 速報版 [2013]
https://berd.benesse.jp/shotouchutou/research/detail1.php?id=4278

文部科学省　「ギャンブル等依存症」などを予防するために
file:///C:/Users/Heartic/AppData/Local/Microsoft/Windows/INetCache/IE/6FRJETW2/1415166_1.pdf

日本医師会　スマホ依存に対する啓発ポスター（日医・日本小児科医会作成）について
https://www.med.or.jp/nichiionline/article/004948.html

WHO　ICD-11
https://icd.who.int/en/

文部科学省　学校評価ガイドライン [平成 28 年改訂]
http://www.mext.go.jp/a_menu/shotou/gakko-hyoka/1295916.htm

あとがきにかえて

　この本のアイディアが私の頭にうかんでから約10年目に、やっとこの本をつくることができました。出版を決めてくださった合同出版さんには、心から感謝しています。

　現在、発達障害の本は、毎月のように新しいものが出版されています。約20年前にアメリカ留学後、自費出版で実行機能を紹介した冊子をつくったときとは隔世の感があります。しかし、当事者とその家族、サポーターの方々の悩みは、あまり変わっていないように思います。約20年前は情報がほとんどなくて、子どもたちに対して何をしたらいいかわかりませんでした。そして、今は情報がありすぎて、どれを選んで子どもにしてあげたらいいのかわからないと迷っているのです。

　この実行機能のワークブックで一番伝えたいことは、最後までできないときに、ただ「がんばれ」とか、「何でこんなことができないの」と言うのではなく、どの部分が苦手なのかを見きわめ、それに合ったピンポイントのサポートをする具体的な方法です。

　失敗は成功のもとなのです。22ページのお弁当の日プロジェクトなどの体験のように、一度予行演習をして、うまくいかないことが見つかったら改善する。この連続が人生なのだということを、小さい頃から体験することが大切だと思います。

　何かはじめてのことに失敗したときにはぜひ、「これは予行演習だと思えばいいよ。次が本番、どうやったらうまくいくか考えてやってみようね」といった声をかけてあげてください。やり直してうまくいった体験が、レジリエンス（回復力）を生み、問題解決力を育てます。そして、本当の意味で、達成感を感じることができるでしょう。

　実行機能に課題があると、うまくいかないことばかりです。その時に責めたりせずに、ひたすら「どうやったらうまくいくか」ということを一緒に考えていただきたいと思い、この本をつくりました。環境＝周囲の人の声かけが、子どもの脳・心を育んでいきます。

　私自身、実行機能障害がありますので、実行機能の弱い人の、実行機能のトレーニングがいかに辛いかということをよく知っています。そして、実行機能の高い人が、イライラせずに実行機能の弱い人のサポートをするのは、並外れた忍耐力が必要ということもよくわかっています。

　実行機能は、学校生活を送ったり仕事をしたり、自分の目標を実現するために欠かせない機能ですが、実行機能を伸ばすことだけが最終目標ではありません。豊かな人生を送るために、実行機能を苦手ながらもスムーズにいくよう工夫することです。ですからこの本のワークを100％できるようにならないといけない、ということではありません。

　やり方がわかったのに、やっぱりできないという方もいるでしょう。そんなときこそ、それを受け入れて、次にどうするかを考えることが大切です。

　実行機能を使って自分の力で目標を実現することはもちろん意味のあることですが、実行

機能の高い人に協力してもらって目標を実現することも、おなじように価値のあることではないでしょうか？　この本で紹介したことが毎回カンペキにできなくても、ある程度できれば「まぁいいか」と切り替えて、助けを求めることも、重要な実行機能です。

　バークレー博士は実行機能をシンプルに「実行機能とは、いつどちらを実行するかの決断力」とも定義しています。

　勉強する、しない。学校に行く、行かない。ゲームをする、しない。すべて本人の決断次第です。

　中でも、ゲーム依存に対してかなり危機感を持っているサポーターは多いことでしょう。ギャンブル依存症に関する予防教育が2022年度から高校で必修になります。ゲームにハマることは、学童期前でも起こりうることなので、この本を参考に、ぜひ予防に力を入れてください。

　「今、ここ」の決断があなたの未来をつくります。未来のことを考えて、今それを自分でやるかやらないかを決断することが少しでも増えたら、この本のワークをやった価値があるのです！　これが、読者のみなさんにお伝えしたいメッセージです。

　この本は、多くの方の協力によってつくられました。何回も項目を見直し、内容も書き直しました。特に編集者の齊藤暁子さんの柔軟性と編集力のおかげでやっと完成しました。心から感謝します。すでに私の頭の中には、2冊目と3冊目の本のアイデアが浮かんでいます。

　この本が実行機能をスムーズに活用するきっかけになり、少しでもハッピーな時が増えるように、役立てていただければ幸いです。

高山恵子

【著者紹介】

高山恵子 (たかやま・けいこ)

NPO法人えじそんくらぶ代表、ハーティック研究所所長
昭和大学薬学部兼任講師、特別支援教育士スーパーヴァイザー。
昭和大学薬学部卒業後、約10年間学習塾を経営。
1997年、アメリカ・トリニティ大学大学院教育学修士課程修了（幼児・児童教育、特殊教育専攻）。1998年、同大学院ガイダンスカウンセリング修士課程修了。専門はADHD等高機能発達障害のある人のカウンセリングと教育を中心にストレスマネジメント講座などにも力を入れている。主な著書に、『2E 得意なこと苦手なことが極端なきみへ 発達障害・その才能の見つけ方、活かし方』（合同出版、2021）、『自己理解力をアップ！ 自分のよさを引き出す33のワーク』（合同出版、2020）、『ライブ講義高山恵子I 特性とともに幸せに生きる』（岩崎学術出版社、2018）、『イライラしない、怒らない ADHDの人のためのアンガーマネジメント』（講談社、2016）、『これならできる子育て支援！ 保育者のためのペアレントサポートプログラム』（学研プラス、2016）などがある。

【執筆協力】

片桐正敏 (かたぎり・まさとし)

北海道教育大学旭川校教育発達専攻 准教授
2011年北海道大学大学院教育学研究科博士後期課程修了。博士（教育学）。
専門は特別支援教育、発達臨床心理学、認知神経科学、心理アセスメント。

楢戸ひかる (ならと・ひかる)

大学生を筆頭に3人の男子を育てる母。マネーライター20年の経験を生かし、「ひかる式家計簿」を考案。家計簿のワークショップを開催中。

イラスト　お文具、Shima.
組版　Shima.
装幀　tobufune

やる気スイッチをON！
実行機能をアップする37のワーク

2019年8月10日　第1刷発行
2024年1月25日　第5刷発行

著　者　高山恵子
発行者　坂上美樹
発行所　合同出版株式会社
　　　　東京都小金井市関野町1-6-10
　　　　郵便番号　184-0001
　　　　電話　042(401)2930
　　　　振替　00180-9-65422
　　　　ホームページ　https://www.godo-shuppan.co.jp/
印刷・製本　株式会社シナノ

■刊行図書リストを無料進呈いたします。
■落丁乱丁の際はお取り換えいたします。

本書を無断で複写・転訳載することは、法律で認められている場合を除き、著作権及び出版社の権利の侵害になりますので、その場合にはあらかじめ小社宛に許諾を求めてください。

IISBN978-4-7726-1375-0　NDC370　257×182
©Keiko Takayama, 2019